Roland Werner

JESUS FIRST

Das 7-Wochen-Abenteuer

oncken

editionfriends wird herausgegeben von Roland Werner

Die Bibelzitate aus:

S. 8, 10, 12, 20, 25, 26, 31, 34, 37, 39, 41, 43, 44, 46, 48 (2x), 49, 50, 51, 52, 53, 58, 61, 62, 64, 65, 74, 77, 85, 90, 91, 93, 99, 102, 105, 114, 118 (2x), 120, 122, 123, 125, 126 aus der Lutherbibel, revidierter Text 1984, durchgesehene Ausgabe in neuer Rechtschreibung,

S. 15, 18, 68, 77, 79, 80, 97, 98, 108, 116, 123 angelehnt an die Lutherbibel (Ausgabe siehe oben)

S. 21, 27, 28, 30, 32 39, 48, 55, 57, 59, 65, 66, 68, 70, 72, 80, 81, 82, 89, 90, 96, 101, 111, 117 (2x) aus der Übersetzung "Hoffnung für alle", Brunnen Verlag Basel und Gießen,

S. 23 angelehnt an „Hoffnung für alle"

S. 33 aus der Revidierten Elberfelder Bibel,

S. 40, 88 angelehnt an die Revidierte Elberfelder Bibel

Umschlag und Textgestaltung: Ralf Krauß, Herrenberg
Gesamtgestherstellung: Breklumer Druckerei Manfred Siegel KG
ISBN 3-7893-8061-X
Bestell-Nr. 628 061

Inhalt

Abenteuer 5: Jesus besser verstehen

Abenteuer 6: Mit Jesus die Zukunft bauen

Abenteuer 7: Öffentlich mit Jesus leben

Vorwort
Das Abenteuer beginnt

In deinen Händen hältst du ein Kraftpaket.
Energie für sieben Wochen und mehr.

Dabei geht es nicht um Theorie.
Nicht nur um ein paar nette Gedanken oder warme Gefühle.

Ich lade dich ein zu einem Abenteuer.
Zu einer Entdeckungsreise mit Jesus.
Mitten in deinem Alltag.

Es geht darum, Jesus zu entdecken und spannende Erfahrungen mit ihm zu machen.

Wenn du dieses Buch nur durchliest und dann in die Ecke legst, passiert nichts.

Aber wenn du mitmachst, dann wirst du die Energie entdecken, die darin steckt. Du wirst die Kraft nur dann erleben, wenn du dich darauf einlässt.

Deshalb: Lies dieses Buch nicht nur, sondern setze es um.
Es geht zwar auch allein. Aber noch besser ist es, wenn du es mit anderen gemeinsam machst. Zusammen mit zwei oder drei von deinen Freunden. Oder mit einer ganzen Jugendgruppe.

Das Sieben-Wochen-Abenteuer. Wie läuft es? Ganz einfach.

Das Sieben-Wochen-Abenteuer kannst du in sieben Wochen erleben.
Jede dieser Wochen hat ein Thema – und sieben Unter-Themen.

Du liest an jedem Tag die dazugehörigen zwei Seiten, möglichst am Morgen, bevor der Tag richtig anfängt.
Und denkst über die Aussage nach. Und dann – geht das Abenteuer los. Denn für jeden Tag gibt es eine Aufgabe, die du umsetzen musst.

Also: Dies ist kein Lese-Buch, sondern ein Lebe-Buch.
Nur wenn du es tust, wird es spannend. Nur dann wird es zum Kraftpaket.

Und abends liest du noch einmal das Gleiche wie morgens. Und schreibst ganz kurz auf, wie es dir mit dieser Aufgabe gegangen ist.

Entweder in ein eigenes Heft, deinen Laptop oder einfach in die leeren Zeilen. So entsteht dein ganz persönliches Abenteuer-Buch.

Übrigens brauchst du im Verlauf dieses Abenteuers eine Bibel. Sie ist das eigentliche Kraftpaket. Dieses Buch ist nur der Anzünder. Also: Wenn du noch keine eigene Bibel hast, besorg dir eine.

Alles klar? Ich denke, schon.
Also: Es geht los. Such dir einen guten Tag zum Starten aus. Und dann fang an mit dem Sieben-Wochen-Abenteuer.

Viel Spaß dabei – und viel Freude von und mit Jesus
wünscht dir

dein

Roland Werner

Abenteuer 1: JESUS ENTDECKEN

Tag 1: Wer ist Jesus?

Sicher hast du schon viel über Jesus gehört. Vielleicht bist du auch schon bewusst Christ. Oder du bist noch am Nachdenken darüber, ob du wirklich als Christ leben willst. Auf jeden Fall bist du offen für Jesus.
Darum geht es an diesem ersten Tag: Zu entdecken, wer Jesus ist. Deshalb nimm dir jetzt fünf Minuten Zeit, darüber nachzudenken, was du schon von Jesus weißt und was du über ihn denkst.
Wer ist Jesus? Schreib deine Gedanken in Stichworten auf – in die Leerzeilen oder in dein persönliches Abenteuer-Buch:

____

____

____

____

Viele Menschen haben im Lauf der Geschichte Erfahrungen mit Jesus gemacht. Sie haben eine Antwort gefunden auf die Frage: Wer ist Jesus?

Meine persönliche Entdeckungsgeschichte mit Jesus sieht so aus: Als Kind hatte ich durch den Kindergottesdienst schon viele Geschichten aus der Bibel gehört. Aber dennoch war für mich Jesus keine wirklich reale Person. Irgendwie war das alles zwar wahrscheinlich wahr, aber doch sehr weit entfernt.

Als Jugendlicher war ich dann auf einer Sommerfreizeit, die von Christen geleitet wurde. Und auf einmal merkte ich, dass Jesus persönlich anfing, zu mir zu sprechen.

Plötzlich wurde er für mich lebendig. Ein echtes Gegenüber. Einer, der an mir Interesse hat. Und ich merkte, dass ich Jesus eine Antwort geben musste. Wie die Geschichte weitergeht, erzähle ich dir später.

Eine andere Person, die Jesus entdeckt hat, war eine Frau, die in der Stadt Sychar in der Region Samaria lebte. An einem ganz normalen Tag begegnete sie Jesus. Und sie musste sich mit der Frage auseinander setzen: Wer ist dieser Mann, der hier mit mir redet und der den Namen Jesus – auf hebräisch Jeschua – trägt? Sie fragte sich: Wer ist Jesus?

Jetzt kommt deine Aufgabe für diesen ersten Tag: Lies den Bericht von der Begegnung von Jesus mit dieser Frau! Und dann schreibe alle Aussagen über Jesus auf, die diese Frau macht. Du findest den Bericht im Johannesevangelium, Kapitel 4, Verse 1 bis 29.

Wer ist Jesus? – Die Entdeckungsreise der Frau aus Sychar brachte folgende Ergebnisse:

Wer ist Jesus? – Schreib deine eigene Meinung auf!

ZUM WEITERDENKEN:

Bist du mehr als unser Vater Jakob? (Johannes 4,12)

ABENTEUER 1: JESUS ENTDECKEN

Tag 2: Kennst du Jesus?

Hallo, dies ist der zweite Tag von unserem Abenteuer. Gestern hast du angefangen, darüber nachzudenken, wer Jesus ist. Jetzt verrate ich dir ein Geheimnis. Vielleicht hast du es schon selbst gemerkt: Diese erste Aufgabe ist viel zu groß, als dass du oder ich oder irgendjemand sonst sie an einem Tag bewältigen könnte. Es ist eine Aufgabe für ein ganzes Leben. Doch das soll dich nicht entmutigen. Das Wichtige ist, dass du irgendwann anfängst, dich auf die Suche zu machen.

Und darum geht es an diesem zweiten Tag. Die Suche geht weiter. Ich werde mal ganz persönlich. Denke mal einen Augenblick über diese Frage nach: Kennst du Jesus?

Du kannst hier ankreuzen:

- O Ja, ist doch klar!
- O Ich bin mir nicht ganz sicher ...
- O Nein, eher nicht ...
- O Ich weiß vieles über Jesus, aber ihn persönlich kenne ich nicht ...
- O Andere Antwort:

Was hast du angekreuzt? Zum Nachdenken hier eine wahre Geschichte aus Georgien. Die Frau hat sie mir selbst erzählt. Sie war total atheistisch aufgewachsen. Kindergarten, Schule, Universität – überall bekam sie eingetrichtert, dass es keinen Gott gibt. Sie heiratete und bekam ihr erstes Kind, ein Mädchen. Das Problem war: Das Kind war taub. In Georgien gab es keine besonderen Schulen für behinderte Kinder. Deshalb zog sie mit dem Mädchen nach Moskau und wohnte bei einer Verwandten. Sie machte sich viele Sorgen, wie es mit ihrer Tochter weitergehen würde. In einer Nacht hatte sie einen Traum, in dem Jesus ihr erschien. Er sagte zu ihr auf Georgisch, ihrer Muttersprache: „Hab keine Angst, alles wird gut!" Als sie aufwachte, lief sie sofort zu ihrer Verwandten und sagte: „Es gibt einen Gott! Jesus hat zu mir gesprochen!" Das war der Anfang ihrer Entdeckungsreise mit Jesus. Ich traf sie viele Jahre später. Inzwischen hatte sie immer zu Jesus gebetet, obwohl sie nicht viel von ihm wusste. Ich hatte ein paar Bibeln mitgebracht. Sie wollte unbedingt eine haben, um noch mehr von dem Jesus zu erfahren, an den sie schon längst glaubte.

Jesus kennen zu lernen ist ein Weg. Wichtig ist dabei, dass du dich nicht nur in Gedanken mit Jesus beschäftigst, sondern dass du dich persönlich auf den Weg zu ihm machst. Das haben auch die ersten Freunde von Jesus erfahren. Sie haben Jesus Stück für Stück kennen gelernt.

Deine Aufgabe für heute: Lies den Bericht, der von den ersten Begegnungen dieser Freunde von Jesus handelt. Er steht im Johannesevangelium, Kapitel 1, Verse 35-51. Und jetzt beantworte bitte folgende Fragen:

Woran merken sie, dass Jesus mehr ist als ein gewöhnlicher Mensch?

____

____

Welche Aussagen machen sie über Jesus? Wie bezeichnen sie ihn?

____

____

Wie werden sie verändert durch ihre Begegnung mit Jesus?

____

____

ZUM WEITERDENKEN:
„Wir haben den Messias gefunden!" (Johannes 1,41)

Tag 3: Jesus besser verstehen

Heute wird es besonders spannend. Denn zum ersten Mal musst du bei diesem Abenteuer deine Sicherheitszone verlassen. Deine Aufgabe heute ist, dass du eine kleine Umfrage mit mindestens vier Personen durchführst. Und zwar bitte nicht nur mit deinen Familienangehörigen unter Einbeziehung der Haustiere! Nein, eine Umfrage mit wirklichen Menschen in deiner Umgebung, also Schule, Arbeitsplatz, Nachbarschaft, Sportverein oder oder ...

Aber im Augenblick hast du noch eine Schonfrist. Denn jetzt darfst du erst einmal für dich allein nachdenken.

Zu Anfang eine Frage: Was findest du bei Jesus besonders gut?

____

____

Und noch eine Frage: Was verstehst du bei Jesus nicht?

____

____

Manchmal denken wir ja, dass Jesus etwas anders machen sollte, als er es tut. Wir verstehen ihn nicht. Wir denken, wir würden es selbst besser machen als er.
Mit dieser Auffassung bist du übrigens nicht allein. Schon Maria und Josef hatten ihre Probleme mit Jesus. Einmal sind sie in eine richtige Jesus-Krise gekommen. Sie verstanden ihn überhaupt nicht mehr. Maria beschwerte sich richtiggehend bei ihrem Sohn über sein Verhalten.

Glaubst du nicht? Dann lies einfach folgenden Abschnitt aus dem Lukasevangelium: Kapitel 2, Verse 41 bis 52.

Hast du es gelesen? Und kapiert? Gut! Dann bilde dir jetzt eine eigene Meinung: Hat Jesus hier etwas falsch gemacht? Oder haben Maria oder Josef etwas falsch gemacht? Warum hatten sie Probleme, Jesus zu verstehen?

____

____

Wenn du Lust hast, kannst du diesen Abschnitt deinen Eltern vorlesen und sie fragen, was sie davon halten. Das könnte spannend werden.

Aber jetzt kommt die eigentliche Aufgabe für heute:
Interviewe im Lauf des Tages vier Leute darüber, was sie von Jesus halten. Hier eine kleine Liste mit Fragen ... (Bitte höflich stellen!)

1. Hast du dir schon mal Gedanken über Jesus gemacht? Was hältst du von ihm?
2. Welchen Titel würdest du auf Jesus anwenden?
3. Gibt es etwas, was du nicht an Jesus verstehst?
4. Wenn du die Chance hättest, Jesus kennen zu lernen, wärst du daran interessiert?

Hier kannst du die Ergebnisse deiner Umfrage aufschreiben:

____

____

Na, wie war es? Locker? Oder peinlich? Hatten die Leute Angst vor deinen Fragen? Oder du vor ihnen?

ZUM WEITERDENKEN:
„Wer, sagen die Leute, dass ich bin?" (Lukas 9,18)

Tag 4: Jesus anbeten

Ich hoffe, du bist noch dabei beim Sieben-Wochen-Abenteuer! Heute ist der mittlere Tag der ersten Woche, und ich denke, du kriegst langsam ein Gefühl dafür, wie es läuft. Sicher wissen inzwischen schon einige Leute um dich herum, dass du auf dieser Entdeckungsreise in Sachen Jesus bist.

Wenn du sie bis jetzt allein gemacht hast, ist es vielleicht ein guter Zeitpunkt, doch noch ein paar Freunde zum Mitmachen zu gewinnen. Ihr könntet euch dann jeweils am Abend per Telefon oder bei kurzen Treffen zwei- oder dreimal in der Woche erzählen, wie es so läuft.

Heute kommen wir zu einem Knackpunkt deiner Beziehung zu Jesus. Das Thema ist Anbetung. Ein ziemlich ungewöhnliches Wort in unserer Zeit – findest du nicht?
Aber die Sache selbst gibt es, und zwar häufiger, als wir auf den ersten Blick merken. Etwas anzubeten heißt, ihm den höchsten Platz oder zumindest einen sehr hohen Platz in seinem eigenen Denken und Leben einzuräumen. Was man anbetet, dafür setzt man Zeit, Geld und Kraft ein und dafür ist man auch bereit, Opfer zu bringen. Manche sind sogar bereit, Beziehungen zu opfern für die Sache, die sie anbeten ... Die Leute beten heutzutage alles Mögliche an: das Geld, den Erfolg, die Schönheit, germanische Götter, den Fußball ...

Was sind deiner Meinung nach Dinge oder Personen, die heutzutage angebetet werden?

____

____

Wodurch drückt sich diese Anbetung konkret aus?

____

____

Zentrum des Christseins ist es, Jesus Christus anzubeten. Das heißt, ihn als Gott anzuerkennen und ihm die erste Stelle im Leben einzuräumen. Hört sich ziemlich krass an, oder?

Einer, der als erster Jesus angebetet hat, war ein Fischer mit dem einfachen Namen Simon. Doch Jesus anzubeten war etwas, das er erst lernen musste. Es war ihm nicht in die Wiege gelegt worden. Da musste schon einiges passieren, bevor er dazu bereit war. Er musste Jesus ganz neu erleben.

Deine Aufgabe für heute: Lies den Bericht im Lukasevangelium, Kapitel 5, Verse 1-11. Und dann beantworte folgende Fragen:

1. In welcher Stimmung war Simon? Was ging direkt voraus?

2. Was dachte Simon bis zu diesem Zeitpunkt über Jesus?

3. Was hat Simon erkannt, das ihn dazu führte, Jesus anzubeten?

4. Was war die Reaktion von Jesus? Was war der nächste Schritt, der auf diese erste „Anbetungszeit" von Simon folgte?

Bei Simon kehrte sich alles um. Er erkannte, dass Jesus einzigartig ist: Er hatte Gewalt über die Natur. Simon entdeckte: Jesus ist der „Herr"! Das ist ein Titel, der im Alten Testament nur für Gott verwendet wurde. So fiel er vor ihm nieder – eine Geste der Anbetung. Und gleichzeitig erkannte er, dass er selbst ganz anders war als dieser Jesus. Er merkte: Jesus der Herr und Simon der Sünder – sie passen einfach nicht zusammen. Doch Jesus wandte sich nicht von ihm ab. Sondern er beauftragte ihn. Er nahm Simon in sein Team auf. So ist das eine logische Folge: Zuerst erkennen wir, wer Jesus ist, und fallen vor ihm nieder. Dabei erkennen wir, wer wir selbst sind, und erschrecken. Und dann erleben wir, dass Jesus uns vergibt, uns annimmt und uns aussendet – wie den Simon. Soweit diese spannende Anbetungsgeschichte von Simon, der von Jesus den Beinamen „Petrus" – „Fels" bekam.

Hast du Jesus schon einmal angebetet? Was sind deine Gefühle dabei? Was geht dir dabei durch den Kopf? Welche Worte würdest du gebrauchen, um Jesus ganz persönlich anzubeten? Hast du ihn als Herrn und dich selbst als Sünder erkannt?

Hier ist deine zweite Aufgabe für heute: Nimm dir zwei bis drei Minuten Zeit, um Jesus anzubeten. Finde dafür deine eigenen Worte. Sage ihm, warum du ihn anbetest. Du kannst auch eine Zeit der Stille einbauen oder ein ganz persönliches Anbetungslied für Jesus singen. Übrigens: Du kannst dabei sitzen oder stehen oder auch knien – wie damals Simon Petrus.

ZUM WEITERDENKEN:

„Thomas sagte zu ihm: Mein Herr und mein Gott!" (Johannes 20,28)

Tag 5: Jesus, der Herr über alles

Gestern hatten wir ein spannendes Thema: Jesus anbeten. Ich weiß nicht, wie du dich gefühlt hast, als du Jesus angebetet hast, ja vielleicht sogar niedergekniet bist. Übrigens – hast du die Tür vorher zugemacht, damit dich niemand sieht? Die Bibel sagt, dass der Tag kommen wird, an dem jeder Mensch vor Jesus niederknien wird. Spätestens dann wird die Anbetung von Jesus die öffentlichste Sache der Welt sein.

Heute wartet eine Aufgabe auf dich, die auch mit Öffentlichkeit zu tun hat. Keine Angst, du musst nicht öffentlich predigen oder auf dem Marktplatz auf einer Apfelsinenkiste stehen und Anbetungslieder singen. Schließlich sind wir erst in der ersten Woche unseres Sieben-Wochen-Abenteuers! Solche Aufgaben bewahren wir uns für später auf. Nein, heute geht es einfach darum, Jesus als den Herrn über alles zu entdecken.

Als Einstieg die wahre Geschichte von einem jungen Mann in Indien. Er wuchs in einer Familie auf, die ziemlich religiös war. Seine Mutter brachte ihm schon als kleinem Jungen bei, die heiligen Schriften der Hindus und auch der Sikhs zu lesen. Jeden Tag verbrachte er einige Zeit damit und betete zu den verschiedenen Göttern, von denen er las. Als Jugendlicher kam er in eine Schule, die von Missionaren geleitet wurde, die aber für Angehörige aller Religionen offen stand. Ein Mitschüler gab ihm ein Neues Testament. Er las ein paar Kapitel und regte sich dermaßen darüber auf, dass er das Buch in tausend Fetzen zerriss. Jesus – das war nichts für ihn!

Einige Zeit später kam er in eine Krise. Er wollte nicht mehr weiterleben. Alles erschien ihm sinnlos. Er nahm sich vor, eine Nacht lang zu beten. Wenn Gott – der wahre Gott – in dieser Nacht nicht zu ihm sprechen würde, wollte er seinen Kopf auf die Eisenbahnschienen legen und warten, bis der Zug, der um fünf Uhr morgens vorbeifuhr, seinem Leben ein Ende bereitete.

In dieser Nacht geschah zuerst gar nichts. Er betete zu Vischnu und zu Krischna sowie zu anderen Göttern. Als er schon fast aufgegeben hatte, wurde sein Zimmer plötzlich von einem hellen Licht erleuchtet. Draußen war es noch vollkommen dunkel. In diesem Licht erkannte er Jesus. Jesus war der Allerletzte, den er erwartet hätte. Und Jesus sprach zu ihm: Sundar, warum verfolgst du mich?

Von diesem Augenblick an glaubte Sundar Singh an Jesus. Obwohl er aus dem Haus geworfen wurde und viele Verfolgungen erlebte, folgte er Jesus nach. Überall in Indien und in Tibet verkündigte er auf seinen jahrelangen Wanderungen Jesus. Er hatte erlebt, dass Jesus wirklich der Herr über alles ist.
In einem seiner Lieder, das in viele Sprachen übersetzt wurde, drückte er sein Lebensmotto aus: „I have decided to follow Jesus. No turning back, no turning back." – "Ich bin entschieden zu folgen Jesus, niemals zurück, niemals zurück."
Sadhu Sundar Singh wurde einer der bekanntesten Christen Indiens. Sein Leben wurde zum Vorbild für viele.

Was heißt es für dich, Jesus als den Herrn zu entdecken und anzuerkennen?

Das ist deine Aufgabe für heute:
Nimm dir eine halbe Stunde Zeit und geh durch den Ort, wo du wohnst. Halte etwa alle fünf Minuten an und sprich innerlich mit Jesus. Mach dir selbst klar, dass Jesus der Herr ist über alles. Über alle Menschen, die du siehst, über alle Orte, durch die du gehst.

Überlege dir: Was bedeutet das, dass Jesus der Herr ist – an diesem Ort, zu dieser Zeit?

Und sprich das an den verschiedenen Orten in einem inneren Gebet aus, das die folgenden Gedanken einschließt:
Jesus, du bist der Herr! Ich bete dich an. Und ich freue mich auf den Tag, wenn alle Menschen das bekennen werden, dass du der Herr bist! Bitte breite deine gute Herrschaft aus über diesen Menschen und an diesem Ort!

Du kannst diese „Anbetungswanderung" auch zusammen mit ein oder zwei Freunden machen. Und übrigens: Du kannst dich beim Beten ganz natürlich verhalten mit unverkrampfter Körperhaltung und offenen Augen ...

Schreibe hinterher auf, was du erfahren, was du gedacht und gefühlt hast.

Und sprich mit anderen darüber.

ZUM WEITERDENKEN:
„Jedes Knie wird sich beugen und jede Zunge wird bekennen, dass Jesus Christus der Herr ist, zur Ehre Gottes des Vaters."
(aus Philipper 2,10-11)

Tag 6: Jesus in alle Bereiche einladen

Wow! Wie war das gestern, als du herumgewandert bist? Hat dich irgendjemand komisch angeguckt? Oder hat das niemand mitgekriegt, dass du gebetet hast?

Heute will ich dir meine Geschichte weitererzählen. Wie gesagt war ich auf einer Sommerfreizeit. Wir hatten viel Spaß – viel Freizeit, viele Spiele und auch gute Bibelgespräche. Weil ich christlich aufgewachsen war, konnte ich in Sachen Bibelwissen glänzen. Ich kam mir ziemlich gut und wichtig vor. Aber irgendwie bröckelte die Fassade nach einigen Tagen. Ich merkte, dass Jesus anfing, zu mir zu reden. Und er machte mir klar, dass er eine Entscheidung von mir wollte. Vor meinem inneren Auge sah ich, dass es zwei verschiedene Wege gibt, wie ich mein Leben führen kann. Entweder wähle ich meinen eigenen Weg und entwickle alle meine Kräfte und Talente, so gut ich eben kann. Aber ich bin und bleibe mein eigener Chef. Oder ich übergebe die Führung meines Lebens an Jesus. Denn das ist die entscheidende Frage: Wer hat die Regie in meinem Leben?

Hier deine Aufgabe: Denke einen Augenblick darüber nach: Wer bestimmt bei dir, wo es lang geht, was du denkst, was du tust, wofür du deine Zeit und Kraft einsetzt, wofür du dein Geld ausgibst? Kreuze an, was bei dir am wahrscheinlichsten stimmt. Wer oder was bestimmt dich? Und in welchem Bereich?

Mich bestimmen ...
Meine Eltern ______________ im Bereich ____________________
Meine Freunde ______________ im Bereich ____________________
Äußere Zwänge ______________ im Bereich ____________________
Die Meinung der Mehrheit____ im Bereich ____________________
Jesus ____________________ im Bereich ____________________

Ich selbst ________________ im Bereich ____________________
Das Fernsehen ____________ im Bereich ____________________
Meine Faulheit ___________ im Bereich ____________________
Mein Ehrgeiz _____________ im Bereich ____________________
.... ____________ im Bereich ____________________

Jesus bietet uns an, in allen Bereichen seine wohltuende Herrschaft aufzurichten, durch die Frieden, Heilung und eine gute Ordnung in unser Leben hineinkommen. Überlege, was bei dir anders wäre, wenn Jesus wirklich in allen Bereichen deines Lebens Herr wäre. Schreibe deine Gedanken dazu auf:

____

____

In der St.-Paul's-Kathedrale in London hängt ein Gemälde, das schon vielen Menschen geholfen hat. Es zeigt ein Haus mit einer Tür, die ganz mit Efeu überwuchert ist. An der Tür ist von außen kein Griff zu sehen. Sie kann nur von innen geöffnet werden. Jesus steht mit einer Laterne in der Hand vor der Tür und klopft an. Das Bild lässt offen, ob die Tür geöffnet wird oder nicht. Diese Frage muss jeder selbst beantworten. Damals auf der Freizeit hat mir dieser Satz geholfen, die Tür meines Lebens aufzumachen. Jesus sagt: *„Siehe, ich stehe an der Tür und klopfe an; wenn jemand meine Stimme hört und die Tür öffnet, zu dem werde ich hineingehen und mit ihm essen, und er mit mir."* (Offenbarung 3,20)

Nimm dir einen Augenblick Zeit, mit Jesus zu sprechen.
Lade ihn ein, in alle Bereiche deines Lebens hineinzukommen. Öffne die Eingangstür deines Lebenshauses für ihn. Gibt es innerhalb des Hauses noch verschlossene Türen?

ZUM WEITERDENKEN:
„Zu dem werde ich hineingehen." (Offenbarung 3,20)

Tag 7: Ein Brief an Jesus

Heute ist der siebte Tag deines Sieben-Wochen-Abenteuers. Die erste Woche ist vorbei. Es ging um das Thema: Jesus entdecken.
Ich bin überzeugt, dass du neue Entdeckungen in Sachen Jesus gemacht hast. Und sicher hast du nicht nur über Jesus neue Dinge erkannt, sondern auch über dich selbst.

Welcher von den vergangenen sechs Tagen war für dich besonders wichtig? Was ist dir besonders klar geworden? Welcher Aspekt von Jesus hat dich besonders angesprochen?

Deine Aufgabe für heute:
Schreib einen Brief an Jesus. Sage ihm, was du bei ihm entdeckt hast. Sage ihm, was du nicht verstehst. Drück ihm deine Gedanken und Gefühle, deine Freude, deine Dankbarkeit und Anbetung aus. Hier oder auf einem Blatt Papier.

Fertig? Jetzt lies den Brief noch einmal laut vor. Wem? Natürlich Jesus. Und wenn du willst, auch deinen Freunden, mit denen du dieses Abenteuer gemeinsam erlebst.

ZUM WEITERDENKEN:
„Kommt alle her zu mir, die ihr euch abmüht und unter eurer Last leidet! Ich werde euch Frieden geben. Nehmt meine Herrschaft an und lebt darin! Lernt von mir! Ich komme nicht mit Gewalt und Überheblichkeit. Bei mir findet ihr, was euerm Leben Sinn und Ruhe gibt." (Matthäus 11,28-29)

ABENTEUER 2: JESUS FOLGEN

Tag 8: Dafür oder dagegen?

Das ist der Anfang einer ganz spannenden Geschichte: Leute begegnen Jesus. Das kann heute passieren. Das geschah aber auch damals, als Jesus im Norden von Israel, in Galiläa, lebte. Er ging aus dem kleinen Bergdorf mit Namen Nazareth hinunter an das Ufer des Sees Genezareth. Dort wohnte er für einige Zeit in dem Ort Kapernaum am Nordwestufer.
In diesem Ort wohnten ein paar Fischer: Jakobus, Johannes, Andreas, Simon und andere. Sie waren ganz gewöhnliche Leute. Junge Männer, die ihre normale Alltagsarbeit machten.
Und auf einmal begegneten sie Jesus. Er sagte zu ihnen, und zwar zu jedem Einzelnen, einen ganz kurzen Satz, der aber unwahrscheinlich wichtig ist und ihr Leben veränderte: „Komm und folge mir nach!"

Denke einen Augenblick über deinen Alltag nach.

- Was hast du heute vor?
- Welche Aufgaben liegen vor dir?
- Auf was freust du dich?
- Wovor hast du ein bisschen (oder viel) Angst?
- Wem wirst du heute begegnen?
- Ist heute ein normaler Tag? Oder ein außergewöhnlicher Tag?
- Wäre dies ein guter Tag, um Jesus zu begegnen – oder nicht? Wenn nein, warum nicht?
- Was würde geschehen, wenn Jesus heute zu dir sagen würde: „Komm und folge mir nach?"

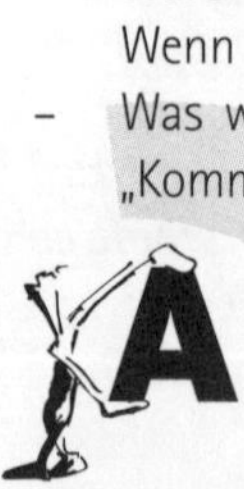

Jetzt kommt deine Aufgabe für heute:
Lies den Bericht von der Berufung der ersten Jünger (Matthäus 4,18-22).

Hast du ihn gelesen? Okay! Und jetzt die Aufgabe: Mache eine kleine „Pro und Kontra"-Liste, also eine Liste, wo du Gründe dafür und Gründe dagegen auflistest, dass die Fischer – Simon, Andreas, Jakobus und Johannes - Jesus nachfolgen. Also etwa so:

Person	Gründe pro Nachfolge	Gründe gegen Nachfolge	Bemerkungen
Simon			
Andreas			
Jakobus			
Johannes			
Du			

Und das ist deine Aufgabe für den Rest des Tages: Liste die Gründe auf, die in deinem Leben dafür oder dagegen sprechen, dass du Jesus nachfolgst.

ZUM WEITERDENKEN:

„Sofort verließen sie das Boot und ihren Vater und folgten ihm nach." (Matthäus 4,22)

Tag 9: Verpasste Chance?

Gestern haben wir gesehen, dass es viele Gründe dagegen geben kann, Jesus nachzufolgen. Aber vielleicht hast du auch ein paar Gründe gefunden, die dafür sprechen. Heute wollen wir an dieser Stelle weitermachen.

Jesus hat viele Beispielgeschichten erzählt, die erklären, worum es eigentlich bei seinem Ruf in die Nachfolge geht. Eine davon hat der Arzt Lukas in seinem „Evangelium", also seinem Bericht über Jesus, aufgeschrieben.

Also zuerst diese Aufgabe:
Lies die Geschichte von der Einladung zum großen Festessen, die Jesus erzählt hat (Lukas 14,16-24).

Hast du sie gelesen? Okay. Was fällt dir auf bei den Leuten? Welche Gründe führen sie an, warum sie nicht kommen können?

1. ______________________________
2. ______________________________
3. ______________________________
4. ______________________________
5. ______________________________

Findest du diese Gründe verständlich? Oder sind sie an den Haaren herbeigezogen?

Wie würden die Gründe heute aussehen? Bei jungen Leuten? Bei der Generation deiner Eltern?

1. ______________________________
2. ______________________________
3. ______________________________
4. ______________________________
5. ______________________________

Und jetzt die Hauptaufgabe für heute: Schreibe einen kleinen Entschuldigungsbrief, lang oder kurz, in dem du Jesus erklärst, warum du seine Einladung nicht annehmen kannst.

Lieber Jesus, leider kann ich deine Einladung zum Festessen nicht annehmen, weil ...

Und jetzt denke über den möglichen Antwortbrief von Jesus an dich nach. Was würde Jesus wohl zurückschreiben?

- ○ Ich habe vollstes Verständnis, war ja auch nicht so wichtig!
- ○ Wenn du nicht willst, bist du selber schuld ...
- ○ Das war deine letzte Chance, jetzt sieh zu, wo du bleibst!
- ○ Bitte, bitte komm doch noch, dein Platz bleibt sonst leer!
- ○ Kein Problem, ich bewahre dir ein Stück Pizza auf!
- ○ ______________________________

Zum Überlegen: Gibt es so etwas wie endgültig verpasste Chancen?

ZUM WEITERDENKEN:
„Geh schnell hinaus auf die Straßen und Gassen der Stadt und führe die Armen, Verkrüppelten, Blinden und Lahmen herein.“
(Lukas 14,21)

Tag 10: Der Preis der Nachfolge

Viele Leute haben schon Bücher über Nachfolge geschrieben. Einer war Dietrich Bonhoeffer. Er war am Anfang der Herrschaft der Nationalsozialisten als Pfarrer im Ausland. Er hatte eine Einladung, in den USA Professor zu werden. Doch ganz bewusst entschied er sich dafür, nach Deutschland zurückzukehren. In seinem Buch über Nachfolge schreibt er: „Wenn Jesus einen Menschen ruft, dann ruft er ihn zum Sterben ..." Genau das war dann auch sein eigenes Schicksal. Er wurde von den Nazis gefangen genommen und schließlich kurz vor dem Ende des Krieges im Konzentrationslager erschossen.

Das ist keine Einzelgeschichte. Bis auf den heutigen Tag werden Christen verfolgt, ins Gefängnis gesteckt, gefoltert und sogar umgebracht, nur weil sie Jesus nachfolgen. Das passiert in vielen Ländern. Manche dieser Vorfälle werden bekannt, das meiste aber geschieht, ohne dass viele es mitbekommen. Ich selbst war schon in mehreren Ländern, in denen bis heute Christen stark verfolgt werden.

Ein paar Beispiele aus der letzten Zeit: Die Mitarbeiter von Shelter Now in Afghanistan – einer christlichen Hilfsorganisation, die von den Taliban gefangen genommen wurden und nur wie ein Wunder dem Tod entkamen. Ein australischer Missionar in Indien, der nach über dreißig Jahren selbstlosem Einsatz dort von fanatischen Menschen erschossen wurde – zusammen mit seinem Sohn, der noch Teenager war. Und so könnten viele Beispiele genannt werden.

Jesus hat die Kosten der Nachfolge genannt: *„Wer mir folgen will, der verleugne sich selbst und nehme sein Kreuz auf sich täglich und folge mir nach. Denn wer sein Leben erhalten will, der wird es verlieren; wer aber sein Leben verliert um meinetwillen, der wird's erhalten." (Lukas 9,23-24)*

Das hört sich ernst und kompromisslos an. Ist es auch. Jesus nachfolgen heißt, das Kreuz anzunehmen, das Jesus uns zumutet. Das Kreuz ist ja ein Hinrichtungsgerät. Das „Kreuz aufnehmen" bedeutet, zu akzeptieren, dass wir für Jesus etwas opfern, im Extremfall sogar das Recht auf unser Leben. Bei uns wird, Gott sei Dank, niemand wegen seines Glaubens an Jesus ins Gefängnis gesteckt oder verfolgt. Dennoch ist es auch bei uns in Europa nicht immer einfach, Christ zu sein.

Deine Aufgabe für heute: Diskutiere mit ein paar Leuten darüber, was die Kosten der Nachfolge in unserer Gesellschaft sind. Gibt es Schwierigkeiten oder Nachteile, die daraus erwachsen, dass jemand Christ ist? Hast du schon einmal Nachteile erlebt? Oder kennst du Leute, die Probleme gekriegt haben, weil sie an Jesus glauben?

Und jetzt die zweite Aufgabe: Nimm dir eine oder zwei Minuten Zeit, für Christen zu beten, die verfolgt werden. Vielleicht hast du schon einmal einen Bericht gelesen über Verfolgung in anderen Ländern. Wenn ja, bete für die Leute dort. Wenn du nicht so viel Informationen hast, dann versuche sie dir in der nächsten Zeit zu besorgen. Hier einige Länder, in denen Christen verfolgt werden oder extreme Einschränkungen erleben: Nord-Korea, Saudi-Arabien, Iran, China, Jemen, Türkei, Ägypten ... Bitte bete für Christen in diesen Ländern. Vielen Dank.

ZUM WEITERDENKEN:
„Saulus verfolgte noch immer mit fanatischem Hass alle Christen." (Apostelgeschichte 9,1)

Tag 11: Mit Jesus unterwegs sein

Stell dir mal einen Augenblick lang vor, wie das gewesen sein muss, mit Jesus durch die Gegend zu wandern. Ich weiß nicht, wie dein normaler Tagesablauf aussieht, ob du ziemlich viel allein bist oder dauernd mit Leuten zusammen. Vielleicht warst du schon einmal auf einer Freizeit. Da teilt man zwei oder drei Wochen lang von morgens bis spät in die Nacht das Leben miteinander.

Und jetzt stell dir vor, dass das nicht nur ein paar Wochen lang so läuft, sondern dass du ein oder zwei Jahre rund um die Uhr mit anderen Leuten – und mit Jesus – zusammen bist. Das heißt, ihr teilt den Alltag miteinander. Klar, dass da nicht viel verborgen bleibt. Ihr lernt einander total gut kennen. So war das bei Jesus und seinen Freunden:

"Bald darauf zog Jesus durch viele Städte und Dörfer. Überall predigte er und verkündete die frohe Botschaft vom Reich Gottes. Auf dieser Reise begleiteten ihn seine zwölf Jünger und einige Frauen, die er von bösen Geistern befreit und von ihren Krankheiten geheilt hatte. Zu ihnen gehörten Maria aus Magdala – Jesus hatte sie von sieben Dämonen befreit –, Johanna, die Frau des Chusa, eines Beamten von König Herodes, Susanna und viele andere. Sie waren vermögend und sorgten für Jesus und seine Jünger." (Lukas 8,1-3)

Jesus folgen – das hieß damals für die Frauen und Männer ganz konkret, mit Jesus im Alltag unterwegs zu sein. Zusammen zu wandern, zu sprechen, zu essen, gemeinsam vor herausfordernden Situationen zu stehen.

Und vor allem hieß es für die Jüngerinnen und Jünger, Jesus live zu erleben: Was er sagte, wie er es sagte, was er tat, wie er Menschen begegnete, wie er sie heilte und von bösen Mächten befreite. Das muss ziemlich spannend gewesen sein. Stell dir einmal einen ganzen Tag mit Jesus vor. Oder eine ganze Woche.

Was würdest du gern von ihm lernen?

Was würdest du gern von ihm „abgucken"?

Welche Frage würdest du ihm gern stellen?

Wie würde dein Verhalten sich ändern, wenn Jesus dabei wäre?

Und jetzt kommt deine Aufgabe für heute: Versuch einmal, diesen Tag bewusst so zu leben, als ob Jesus dabei ist.

Nimm dir immer wieder am Tag einen Augenblick Zeit, darüber nachzudenken, was das bedeutet: Du bist jetzt mit Jesus unterwegs. Er ist dabei. Egal, was du tust. Egal, wem du begegnest. Egal, welche Aufgaben vor dir liegen.

Okay? Es geht los. Mit Jesus unterwegs. An diesem Tag. Und nimm dir am Abend eine Zeit, um Bilanz zu ziehen. War etwas anders, weil du an diesem Tag bewusst mit Jesus unterwegs warst?

ZUM WEITERDENKEN:
„Ihr dürft sicher sein: Ich bin immer und überall bei euch, bis an das Ende dieser Welt!" (Matthäus 28,20)

Tag 12: Freundschaft mit Jesus

Wie waren gestern deine Erfahrungen dabei, mit Jesus konkret im Alltag unterwegs zu sein? Hat das deinen Tag verändert? Oder ist alles gewesen wie an jedem anderen Tag auch? Jesus folgen – das ist das Thema dieser zweiten Woche beim Abenteuer „Jesus first".

Jesus folgen – das kann ganz konkret bedeuten, Nachteile in Kauf zu nehmen. Etwas für Jesus zu opfern, vielleicht sogar für ihn zu leiden und – in Extremfällen – das Leben zu geben. Aber Jesus folgen bewährt sich nicht nur in den großen Krisensituationen im Leben, wenn es hart auf hart kommt. Jesus folgen heißt: Mitten im Alltag das zu tun, was Jesus möchte. Jesus folgen heißt, den Alltag mit Jesus zu teilen. Und in Freundschaft mit Jesus zu leben.

Das sind zwei Seiten derselben Münze: Jüngerschaft und Freundschaft. Das Wort „Jüngerschaft" betont, dass es darum geht, Jesus nachzufolgen und seinen Willen ernst zu nehmen und umzusetzen. Das Wort „Freundschaft" betont die persönliche Beziehung, die Jesus zu jedem Einzelnen aufbaut. Jesus macht deutlich, dass beides wichtig ist: Sein Jünger zu sein und sein Freund zu sein. Er bietet uns beides an: Das Geschenk, ihm nachfolgen zu dürfen. Und das Geschenk seiner Freundschaft. Ein Jünger von Jesus zu sein heißt, ihm zu folgen. Und es heißt, Freundschaft mit Jesus zu leben. Und Freundschaft mit denen, die zu Jesus gehören.

Jesus drückte das so aus: *„So lautet mein Gebot: Ihr sollt einander so lieben, wie ich euch geliebt habe. Die größte Liebe beweist jemand, der sein Leben für die Freunde hingibt. Und ihr seid meine Freunde, wenn ihr tut, was ich euch aufgetragen habe. Ich nenne euch nicht mehr Knechte; denn einem Knecht sagt der Herr nicht, was er vorhat. Ihr aber seid meine Freunde; denn ich habe euch alles gesagt, was ich vom Vater gehört habe." (Johannes 15,12-15)*

Ich bitte dich, diese Aussagen von Jesus mehrere Male zu lesen. Vielleicht kannst du sie sogar auswendig lernen.
Das, was Jesus damals seinen Jüngern gesagt hat, gilt auch für uns heute. Was bedeutet es für dich, dass Jesus dir seine Freundschaft anbietet?

1. ______________________________
2. ______________________________
3. ______________________________

Woran sollte ein Freund von Jesus zu erkennen sein?

1. ______________________________
2. ______________________________
3. ______________________________

Wie könnte deine Freundschaft mit Jesus noch besser wachsen?

____

____

Deine Aufgabe: Nimm dir einen Augenblick Zeit und sprich mit Jesus. Dein Gebet kann drei Elemente beinhalten:
1. Dank – danke Jesus, dass er dir seine Freundschaft anbietet.
2. Bitte – bitte darum, dass du Jesus von ganzem Herzen nachfolgen und die Freundschaft mit ihm gestalten kannst.
3. Blick nach vorn – bitte Jesus, dir zu zeigen, wie du für andere ein Freund sein kannst, so wie er dein Freund ist.

ZUM WEITERDENKEN:
„Nicht ihr habe mich erwählt, sondern ich habe euch erwählt." (Johannes 15,16)

Tag 13: Der große Plan und die kleinen Schritte

Ein Wanderer kam im Mittelalter an einer Stelle vorbei, wo drei Männer Steine bearbeiteten. Er fragte den einen: „Was tust du hier?" Die Antwort war: „Das siehst du doch, ich bearbeite diesen Stein!" Er fragte den zweiten: „Und was tust du?" Dieser antwortete: „Ich verdiene mein tägliches Brot!" Als er den dritten fragte, antwortete der: „Ich baue eine Kathedrale!" Der Wanderer fragte verwundert: „Woher weißt du das?" Die Antwort: „Ich habe die Pläne gesehen!"

Ein Freund von Jesus zu sein heißt, einen Einblick in seine Pläne zu bekommen. Das haben wir gestern in dem Abschnitt aus dem Johannesevangelium gelesen: *„Ich nenne euch nicht mehr Knechte; denn einem Knecht sagt der Herr nicht, was er vorhat. Ihr aber seid meine Freunde; denn ich habe euch alles gesagt, was ich vom Vater gehört habe." (Johannes 15,15)*

Das war die spannende Erfahrung der Jüngerinnen und Jünger von Jesus, als sie mit ihm unterwegs waren. Stück für Stück entdeckten sie die Pläne, die Jesus für diese Welt hat. Es sind gute Pläne.

Sein Plan, sein Wille ist,

- dass Menschen heil werden am Körper und an der Seele; deshalb heilte er die Kranken, überall, wo er hin kam,
- dass Versöhnung und echter Friede zwischen den Menschen herrscht; deshalb brachte er die unterschiedlichsten Leute zusammen an einen Tisch,
- dass Menschen wieder in Beziehung zu Gott, ihrem Schöpfer, kommen; deshalb sprach er überall von seinem Vater im Himmel und dessen unerschöpflicher Liebe,

- dass Gottes Reich, also Gottes gute und wohltuende Herrschaft, sich überall ausbreitet und dass die Herrschaft des Todes und der Sünde ein Ende findet; deshalb vertrieb er die bösen Mächte, die Menschen versklaven und kaputtmachen wollen,
- dass jeder weiß, wie wertvoll er in Gottes Augen ist; deshalb wandte er sich ganz besonders denen zu, die nicht viel galten: den Kindern, den Armen, den Kranken, den Aussätzigen, den Sündern.

Die ganze Bibel ist dazu aufgeschrieben, damit wir einen Einblick in die Pläne bekommen, die Gott hat. Das ganze Leben von Jesus, alle seine Worte und Handlungen haben den gleichen Zweck: Durch Jesus sehen wir, was Gott der Vater mit dieser Welt vorhat.

Im Bild ausgedrückt: Wenn wir Jesus besser kennen lernen, lernen wir gleichzeitig den „Bauplan der Kathedrale" kennen. Wir brauchen nicht mehr über den kleinen Stein stöhnen, den wir gerade behauen müssen. Sondern wir erkennen, dass dieser kleine Stein ein Teil des großen Bauwerks ist, das Gott baut.

Heute geht es darum, dass du lernst, die ganz kleinen Dinge deines Alltags in Verbindung zu bringen mit dem großen Plan Gottes. Das bedeutet: Jüngerschaft mitten im Alltag. Jesus folgen in allen Augenblicken unseres Lebens.

Das hört sich vielleicht einfach an, ist aber eine Aufgabe, an der wir viele Jahre herumbuchstabieren müssen, wahrscheinlich ein Leben lang.

Im Brief an die Christen in der Stadt Kolossä drückt Paulus diese Aufgabe folgendermaßen aus: *„Und alles, was ihr tut, im Wort oder im Werk, alles tut im Namen des Herrn Jesus, und sagt Gott, dem Vater, Dank durch ihn!" (Kolosser 3,17)*

Das ist deine konkrete Aufgabe für heute: Alles, was du tust, bewusst im Namen von Jesus zu tun. Egal, was du heute tust. Sicher ist es eine Mischung: Es sind Sachen dabei, die du gern tust – kochen, spazieren gehen, fernsehen, essen, auf dem Sofa sitzen, mit Inlinern skaten ... und auch Dinge, die du gar nicht gern tust – den Mülleimer leeren, spülen, abtrocknen, die Mathearbeit schreiben, dich bei jemandem entschuldigen, das Zimmer aufräumen ...

Was heißt das, etwas im Namen von Jesus zu tun?
Es bedeutet, etwas so zu tun, wie Jesus es tun würde.

Klar, das ist eine schwere Aufgabe. Aber schließlich ist dies ein Abenteuer. Und ohne ein paar Aufgaben, die wirklich herausfordern, geht es nicht bei einem Abenteuer.

Also: Versuch es heute einmal den Tag über, bewusst „im Namen von Jesus" zu handeln.

Und dabei das Zweite nicht vergessen: Gott zu danken in allen Situationen.

Ich bin gespannt, was dabei rauskommt.

ZUM WEITERDENKEN:
„Friede sei mit euch! Wie mich der Vater gesandt hat, so sende ich euch." (Johannes 20,21)

Tag 14: Etwas Unmögliches für Jesus tun

Na, wie war es gestern? Hat es geklappt, „im Namen von Jesus" zu leben und zu handeln? Vielleicht kannst du mit jemandem darüber sprechen. Es ist hilfreich, dieses Abenteuer-Programm nicht ganz allein durchzuführen, sondern zumindest ab und zu mit einem anderen darüber zu sprechen.

Heute ist das Thema – zum letzten Mal – „Jesus folgen". Und heute geht es darum, etwas scheinbar Unmögliches für Jesus zu tun. Vielleicht sagst du: Die Aufgabe von gestern war schon „unmöglich" genug! Mag sein. Aber halt die Ohren steif, es kommt noch heißer!

Also: Es geht los. Schnapp dir deine Bibel und lies den Bericht Lukas 5,1-11. Fertig? Okay. Dann fülle als Nächstes diese „Liste der Unmöglichkeiten" aus:

Es war unmöglich, dass Jesus Petrus bat, noch einmal loszufahren, weil ...	1. Petrus müde war	2. es sowieso keinen Zweck hatte	3.
Es ist unmöglich, dass die Netze auf einmal voll waren, weil ...	1. Jesus nicht wusste, wo die Fische waren	2. am Tag die Fische tiefer schwimmen	3.
Es war unmöglich, dass Petrus seinen Beruf wechselte, weil ...	1. er seine Frau und seine Schwiegermutter versorgen musste	2. sonst seine Mitarbeiter arbeitslos wurden	3.
Es war nicht möglich, dass Petrus zu einem Menschenfischer wurde, weil ...	1. er zu doof dafür war	2. man Menschen nicht fischen kann	3.

Es war unmöglich, einfach die Boote und alles andere zu verlassen, weil ...	1. das Zeug viel zu teuer war und geklaut werden könnte	2. Petrus den Verlust psychisch nicht verarbeiten konnte	3.

Diese Geschichte steckt voller Unmöglichkeiten. Vielleicht hast du noch einige mehr entdeckt als ich. Aber wenn man Jesus nachfolgt, kommt man schnell an seine Grenzen. Es kann leicht sein, dass du vor einer unmöglichen Situation stehst.

Welche Dinge siehst du als völlig unmöglich in deinem Leben an? Hier eine Liste deiner persönlichen Unmöglichkeiten:

Ich könnte nie einen Jugendkreis leiten ...	1. weil ich Mundgeruch habe	2. weil mir nichts einfällt	3.
Ich könnte nie nach Sibirien als Missionar gehen ...	1.	2. weil ich die Kälte nicht aushalte	3. weil ich keinen Wodka mag
Ich könnte mich nie bei anderen entschuldigen ...	1. weil die das nie verstehen würden	2.	3. weil ich keine Schwäche zeigen will
Ich könnte nie für Jesus auf etwas verzichten ...	1.	2. weil mein Leben sowieso schon hart genug ist	3. weil ich nicht weiß, ob ich dafür etwas bekomme
Ich könnte nie ...	1.	2.	3.

Ich könnte nie ...	1.	2.	3.

Jesus folgen versetzt uns in die Lage, auch Unmögliches zu tun. Für Petrus gab es zwei Unmöglichkeiten: Die erste: Jetzt noch einmal auf Fischfang zu gehen. Aber er wagte es, weil Jesus es gesagt hatte: „Auf dein Wort hin!"

Die zweite Unmöglichkeit war noch größer: Er konnte sich nicht vorstellen, dass er und Jesus wirklich eine Freundschaft leben könnten: „Geh weg von mir, denn ich bin ein sündiger Mensch!" Aber auch da wagte er aufgrund des Wortes von Jesus das Unmögliche: Alles zu verlassen und Jesus nachzufolgen.

Gibt es etwas in deinem Leben, das du für unmöglich und ausgeschlossen hältst, wo du aber weißt: Jesus ruft mich dazu, genau das Unmögliche zu tun? Wenn ja, möchte ich dich ermutigen, aufgrund des Wortes von Jesus genau das zu tun. Und du wirst erleben, dass – wie bei Petrus – auch in deinem Leben Gottes Wunder geschehen.

ZUM WEITERDENKEN:
„Fürchte dich nicht! Von nun an wirst du Menschen fangen."
(Lukas 5,10)

ABENTEUER 3: MEHR WIE JESUS WERDEN

Tag 15: In den Spiegel schauen

Unglaublich, aber wahr! Du bist schon in der dritten Woche des Jesus-First-Abenteuers! Ich hoffe, du bist noch mit derselben Begeisterung und Erwartung dabei.

Das erste Abenteuer hieß: Jesus entdecken. Die Leitfrage dabei war: Wer ist Jesus eigentlich? Und: Wie kann ich ihn besser kennen lernen? Das zweite Abenteuer hieß: Jesus folgen. Dabei ging es darum, zu lernen, ein Jünger oder eine Jüngerin von Jesus zu sein. Das dritte Abenteuer hat ein neues Motto. Und zwar: Mehr wie Jesus werden.

Hört sich ziemlich abgefahren an. Wer kann schon von sich behaupten, dass er – oder sie – ist wie Jesus? Das wäre doch Anmaßung und total übertrieben! Aber Halt! Nicht so schnell! Ich möchte dich herausfordern, dich doch einmal ein paar Tage mit dieser Frage auseinander zu setzen: Wie kann ich Jesus ähnlicher werden? Dabei geht es vor allem um deinen Charakter und nicht so sehr darum, was du tust. Es geht um das, was du bist, und nicht darum, wie du erscheinst. Und das ist am Ende das, was wirklich zählt. Bist du bereit?

Heute machst du ein paar Übungen, die dir helfen sollen, dich selbst etwas besser kennen zu lernen. Zuerst einmal: Geh zum nächsten Spiegel und schau dich darin an. Nimm dir zwei oder drei Minuten Zeit. Stell dir dabei die folgenden Fragen: Was siehst du? Was gefällt dir an dem, was du siehst? Was missfällt dir? Was kannst du nicht sehen? Was ist unsichtbar, gehört aber genauso zu dir wie das, was sichtbar ist?

Jetzt mach es dir wieder bequem und denke einen Augenblick über diese Aussagen nach: 1. Du bist unverwechselbar und einzigartig. 2. Gott hat dich geschaffen und sieht dich in Liebe an. Du bist wertvoll für ihn. 3. Gott sieht mehr als das, was Menschen sehen und was du selbst siehst. 4. Gott sieht dein Herz an. 5. Gott hält das aus, was er sieht. Er schaut dich unentwegt an – in Liebe und Gnade.

Du hast in einen Spiegel geschaut. Er zeigt dir deine Außenansicht. Es gibt aber noch einen anderen Spiegel. Das ist der Spiegel des Wortes Gottes. Wenn du das Wort Gottes „anschaust", also wenn du es aufmerksam liest und in dich aufnimmst, wird es wie ein Spiegel, der dir zeigt, wie du bist, und zwar von innen. Und manchmal kommt der „Augenblick des Erschreckens", durch den du aufgerüttelt wirst, dein Leben, dein Verhalten, deine Worte und Taten zu ändern. Und vor allem dein Herz verändern zu lassen.

Jakobus, der leibliche Bruder von Jesus, drückt dies so aus:
„Wer Gottes Wort nur hört, es aber nicht in die Tat umsetzt, dem geht es wie einem Mann, der in den Spiegel schaut. Er betrachtet sich, geht wieder weg und hat auch schon vergessen, wie er aussieht. Wer aber die Botschaft von der Rettung und Befreiung erkannt hat und immer wieder danach handelt, der hat sie nicht vergeblich gehört. Er kann glücklich sein, denn Gott wird ihn segnen und alles, was er tut." (Jakobus 1,23-25)

Wenn du mehr werden willst wie Jesus, musst du dir erst einmal Zeit nehmen, dich selbst in dem Spiegel anzuschauen, den Gott für dich vorbereitet hat – das Wort Gottes. Und du musst lernen, nicht nur kurz hinzuschauen, sondern dich daran zu erinnern und dann dein Leben zu verändern – Stück für Stück.

ZUM WEITERDENKEN:
„Der Mensch sieht, was vor Augen ist, Gott aber sieht das Herz an." (1. Samuel 16,7)

Tag 16: Ein Charakterporträt von Jesus

Gestern hast du in den Spiegel geschaut. Zuerst in den ganz normalen Spiegel, bei dir im Badezimmer oder woanders. Erinnerst du dich noch an das, was du gesehen hast? Und danach in den zweiten Spiegel, einen, der die Fähigkeit hat, dir dein Inneres zu zeigen. Das ist der Spiegel des Wortes Gottes.

Heute machen wir genau an dieser Stelle weiter. Das ist deine Aufgabe: Einen Abschnitt aus der Bibel intensiv anzuschauen und zu erleben, wie er für dich zu einem Spiegel wird. Lies langsam und aufmerksam 1. Korinther 13,4-7 durch!

Dieses „Hohelied der Liebe" ist eigentlich eine Beschreibung, wie Jesus ist, ein Porträt seines Wesens. Deshalb setze ich jetzt einmal einfach den Namen „Jesus" ein an die Stellen, wo das Wort „Liebe" steht.

"Jesus ist langmütig und freundlich. Jesus ist gütig. Jesus ist nicht neidisch. Jesus tut nicht groß. Jesus bläht sich nicht auf. Jesus benimmt sich nicht unanständig. Jesus sucht nicht das Seine. Jesus lässt sich nicht erbittern. Jesus rechnet Böses nicht an. Jesus freut sich nicht über die Ungerechtigkeit, sondern freut sich mit der Wahrheit. Jesus erträgt alles. Jesus glaubt alles. Jesus hofft alles. Jesus erduldet alles."

Jetzt hast du ein Miniporträt von Jesus gesehen. Es enthält nicht alles, was man über Jesus sagen kann. Aber es zeigt sein Wesen, sein Herz, seinen Charakter. Wie wird dieses Bild von Jesus jetzt zum Spiegel für dich? Gar nicht schwer: Du nimmst dieselben Aussagen und wendest sie auf dich an:

Aussage	Stimmt	Stimmt nicht	Bemerkung
Ich bin langmütig und freundlich.			
Ich bin gütig.			
Ich bin nicht neidisch.			
Ich blähe mich nicht auf.			
Ich benehme mich nicht unanständig.			
Ich suche nicht das Meine.			
Ich lasse mich nicht erbittern.			
Ich rechne Böses nicht an.			
Ich ertrage alles.			
Ich glaube alles.			
Ich erdulde alles.			

Wie ist deine Bilanz? Wie unterscheidet sich dein Charakterporträt von dem Bild von Jesus?
Ein Gebet für dich: Jesus, ich will dir ähnlicher werden. Bitte hilf mir dabei. Amen.

ZUM WEITERDENKEN:
„Als sie aber ihre Augen aufhoben, sahen sie niemand als Jesus allein." (Matthäus 17,8)

Tag 17: Jesus färbt ab

Vielleicht hat dich die Sache ins Nachdenken gebracht. Vielleicht sogar ein bisschen fertig gemacht?

Mir geht es jedenfalls öfters so: Wenn ich mich mit Jesus vergleiche, dann fällt mir auf, dass ich total anders drauf bin als er. Ich fühle mich wie Petrus, der zu Jesus sagte: *„Herr, gehe fort von mir, denn ich bin ein sündiger Mensch!" (Lukas 5,8).* Doch dann merke ich, dass Jesus zu mir sagt: „Du, das weiß ich doch schon lange! Ich bin nicht gekommen, um die Gerechten zu rufen, sondern die Sünder!"

Gerade das ist das Spannende: Jesus hat Leute um sich herum versammelt, die alles andere als Musterbeispiele für gute oder heilige Lebensführung waren. Es waren ganz normale Menschen, Leute wie du und ich. Leute, die teilweise ziemlich schräg drauf waren, als sie zu Jesus kamen:

- Petrus war ein impulsiver, manchmal auch jähzorniger Egoist.
- Maria aus Magdala war eine Frau, die vorher von unreinen Geistern besetzt war.
- Simon der Zelot war ein gewalttätiger Widerstandskämpfer.
- Levi alias Matthäus war ein geldgieriger Halsabschneider.
- Johannes und Jakobus waren aufbrausend und von sich selbst eingenommen.

Und die Liste kann fortgesetzt werden. Wie würdest du dich selbst beschreiben?

____

____

____

Genau solche Leute rief Jesus zu sich.

Und wozu rief er sie? In seinem Evangelium schreibt Johannes Markus – der übrigens ein Feigling war und Paulus und Barnabas auf einer Missionsreise im Stich ließ –, dass Jesus seine Jünger zu sich rief mit einem doppelten Ziel:
„Und er setzte zwölf ein, die er auch Apostel nannte, dass sie bei ihm sein sollten und dass er sie aussendete ..." (Markus 3,14)

Jesus hatte also zwei Absichten für seine Jünger. Erstens sollten sie „bei ihm sein", und zweitens wollte er sie aussenden.

Für unsere heutige Aufgabe ist das erste Ziel wichtig: Bei Jesus sein. Was bedeutet das? Nimm dir einen Augenblick, darüber nachzudenken. Wenn du viel bei jemandem bist, wirst du von ihm geprägt.

Hier sind ein paar Denkanstöße:

Wenn ich sehr viel Zeit in Schloss Windsor mit der englischen Königsfamilie verbringen würde, würde ich dadurch folgendermaßen geprägt:	
Wenn ich in meiner Freizeit ständig vor dem PC sitzen und mir gewalttätige Spiele reinziehen würde, würden sich meine Einstellungen folgendermaßen verändern:	
Wenn ich ständig ins Kino gehen würde, würden sich meine Gedanken vor allem drehen um:	

Wenn ich meine Freizeit vor allem mit anderen Christen verbringen würde, würde ich mich folgendermaßen verändern:	

Die Menschen, mit denen wir am meisten Zeit verbringen, prägen uns.

Wenn du viel Zeit mit Jesus verbringst, wirst du von Jesus geprägt. Damals konnten die Freunde von Jesus buchstäblich Zeit mit ihm verbringen. Wie kannst du das aber heute erleben?

Es gibt verschiedene Möglichkeiten, „bei Jesus zu sein". Eine davon: Du nimmst dir eine Aussage von Jesus und „gehst" mit dieser Aussage durch den Tag. Das heißt, du schreibst sie auf einen Zettel, holst sie etwa jede halbe Stunde einmal hervor und liest sie, möglichst laut. Und dann versuchst du, das, was an diesem Tag passiert, in Beziehung zu Jesus zu setzen.

Hört sich kompliziert an? Ist es aber nicht. Das ist mein Vorschlag für dich heute. Nimm diesen Satz von Jesus und lebe mit ihm einen ganzen Tag lang. Und mach dir klar, dass Jesus jetzt bei dir ist und dir dies eigentlich ganz persönlich sagt. Du wirst merken: So ein Satz von Jesus färbt ab. Noch besser: Jesus färbt ab. Das merkst du, wenn du bewusst, mitten im Alltag, „bei Jesus" bist.

DEIN SATZ FÜR DEN TAG:

„Jesus sagt: Kommt her zu mir, alle, die ihr mühselig und beladen seid; ich will euch erquicken. Nehmt auf euch mein Joch und lernt von mir; denn ich bin sanftmütig und von Herzen demütig; so werdet ihr Ruhe finden für eure Seelen. Denn mein Joch ist sanft, und meine Last ist leicht." (Matthäus 11,28-30)

Tag 18: Ablegen und Anziehen

Na, wie hat das gestern geklappt mit dem bewussten „Bei-Jesus-Sein"? Sicher hast du gemerkt, dass das keine Übung für nur einen Tag ist. Sondern dieses bewusste Leben in der Gegenwart von Jesus ist eine lebenslange Aufgabe. Deshalb hoffe ich, dass du dies immer wieder tun wirst, damit du Stück für Stück Veränderung und Erneuerung erfährst.

Wer bei Jesus ist, entwickelt ein Gespür dafür, was zu Jesus passt und was nicht. Wenn du zum Sport gehst, ziehst du Sportkleidung an. Wenn du zum Skaten gehst, Klamotten, die bequem und cool zugleich sind. Wenn du zu einer Hochzeit gehst, ziehst du dich entsprechend an. (Ausnahmen bestätigen hier natürlich die Regel. Ich kenne Leute, die ziehen immer die gleichen Sachen an.) Wenn du zu Jesus gehst, solltest du die Jesus-Kleider anziehen. Nein, keine Angst, hier sind keine wallenden Wollkleider oder luftige Kamelhautsandalen gemeint. Sondern Einstellungen und Verhaltensweisen, die so sind wie die von Jesus.

Das ist heute deine Aufgabe: Du gehst in eine „geistliche Garderobe" und ziehst dich um. Okay? Ich habe dir auch eine Kleiderordnung mitgebracht, die du jetzt bitte zur Hand nimmst. Sie ist zu lesen im Brief von Paulus an die Christen in der Stadt Kolossä, Kapitel 3,8-15. Es gibt hier zwei Aufforderungen:
„Legt ab ...!" und: „Zieht an ...!"

Hier jetzt eine Liste von verschiedenen „Kleidungsstücken". Die meisten – aber nicht alle! – findest du in dem Bibelabschnitt. Du musst nun entscheiden, ob diese „Kleider" zu Jesus passen oder nicht – oder ob es egal ist.

„Kleidungsstück"	Passt nicht zu Jesus	Passt zu Jesus	Egal
Bosheit			
Neid			
Freundlichkeit			
Nike-Schuhe			
Beleidigungen			
Herzliches Erbarmen			
Geduld			
Zorn			
Ohrringe			
Gefärbte Haare			
Rechthaberei			
Lüge			
Demut			
Geduld			
Jeans			
Humor			
Vergebungsbereitschaft			
Schmutzige Witze			
Böse Nachrede			
Stolz			
Selbstbeherrschung			
Tattoos			
Hilfsbereitschaft			
Kritiksucht			

Und nun schau dir die Liste noch einmal an und entscheide, welche Kleider du ausziehen und welche du anziehen willst. Das ist die Frage. Es geht darum, mehr wie Jesus zu werden.

ZUM WEITERDENKEN:

„Über alles aber zieht an die Liebe, die da ist das Band der Vollkommenheit." (Kolosser 3,14)

Tag 19: Ein Lächeln für jeden

Ich hoffe, du hast deine geistlichen Kleider über Nacht nicht ausgezogen. Wie stand es zum Beispiel mit der Geduld, als dein Bruder oder deine Schwester mal wieder zu lange das Bad blockiert haben? Oder mit der Freundlichkeit zu deiner Mutter, die dir das Frühstück bereitet hat? Ach, du lebst nicht mehr zu Hause, sondern in einer Wohngemeinschaft? Ja, wie steht es da um deine Hilfsbereitschaft, wenn du wieder einmal einen Berg von schmutzigem Geschirr in der Küche findest? Mal ehrlich, fandest du die Beantwortung der Liste schwer? Doch wahrscheinlich nicht. Doch die eigentliche Frage bleibt: Wie sieht es bei uns wirklich aus? Was prägt wirklich unser Denken und Fühlen im Alltag?

Aus all den guten Eigenschaften, die wir von Jesus lernen können, nehmen wir heute einmal nur eine ganz einfache heraus: die Freundlichkeit. In manchen Untersuchungen kann man lesen, dass die Deutschen eines der unfreundlichsten Völker der Welt sind. Ob das stimmt? Ich kenne auch viele nette und freundliche Zeitgenossen. Aber es stimmt schon: Manche sehen in der Tat den ganzen Tag muffelig aus. Und ich kenne auch Leute, die es für ein Zeichen von Coolness und intellektueller Überlegenheit halten, wenn sie möglichst mürrisch und kritisch dreinblicken.

Am meisten schockt mich das, wenn es bei einem christlichen Treffen so ist. Ich gehe an jemandem vorbei und grüße höflich, wie ich es von meiner Mutti gelernt habe, und was geschieht? Entweder guckt die andere Person einfach mit unbeweglichem Gesichtsausdruck durch mich hindurch. Oder sie schaut – offensichtlich halb angewidert – zur Seite. Manche sehen mich auch vorwurfsvoll oder fast beleidigt an, nach dem Motto: Wie kann der es wagen, mich zu grüßen? Vielleicht habe ich ja etwas an mir, was die Leute abtörnt. Vielleicht sind sie auch einfach unsicher und wissen nicht, wie man zurückgrüßt.

Aber, ehrlich gesagt: Ich kann mir keinen mürrischen Jesus vorstellen. Zornig, ja. Engagiert, ja. Traurig, ja. Aber wenn er Leuten begegnet ist, dann war er sicher immer freundlich, voller Liebe und Anteilnahme. Wenn du die Evangelien studierst, merkst du, dass diese Selbstbeschreibung von Jesus einfach zutrifft: *„Ich bin sanftmütig und von Herzen demütig" (Matthäus 11,29).* Oder wie eine andere Übersetzung schreibt: *„Ich komme nicht mit Gewalt und Überheblichkeit."*

Und genau da setzt die Aufgabe für heute ein. Vielleicht ist das für dich etwas ganz Leichtes. Vielleicht aber auch etwas ganz Schwieriges. Auf jeden Fall: Ich fordere dich heraus, es einmal zu versuchen. Und schieb den Vorschlag nicht einfach von dir, indem du sagst, das wäre kitschig, amerikanisch oder sonst was. Damit kann man sich viel Gutes vom Leib halten.

Also: Deine Aufgabe für heute heißt, jeden Menschen, dem du begegnest, zumindest einmal anzulächeln. Okay? Zur Selbstkontrolle kannst du dir einen Zettel mitnehmen, auf dem du die „Erfolge" und „Misserfolge" per Strichliste vermerkst. Und sollte es dir - wider Erwarten - geschehen, dass jemand zurücklächelt, so kannst du ihn oder sie ja fragen, ob sie gerade auch das „Jesus first-Abenteuer" macht. Alles klar? Los geht's! Lächle und sei freundlich im Namen von Jesus!

ZUM WEITERDENKEN:

„Zieht an als die Auserwählten Gottes, als die Heiligen und Geliebten, herzliches Erbarmen, Freundlichkeit, Demut, Sanftmut, Geduld; und ertrage einer den andern." (Kolosser 3,12-13)

Tag 20: Die Frucht des Heiligen Geistes

Hallo, lächle mal! Ich hoffe, du hast gute Erfahrungen mit dem Lächeln gemacht. Erzähl doch mal jemandem in deiner Umgebung von deinem Freundlichkeits-Experiment. Vielleicht ist es ihm oder ihr ja positiv aufgefallen, dass du so freundlich warst. Vielleicht hat er/sie aber auch nur gedacht, du hättest vergessen, dein normales Gesicht aufzusetzen ...

Freundlichkeit ist übrigens eine der Eigenschaften, die als Teil der „Frucht des Heiligen Geistes" aufgelistet wird:
„Die Frucht des Geistes aber ist Liebe, Friede, Freude, Geduld, Freundlichkeit, Güte, Treue, Sanftmut und Keuschheit" (Galater 5,22).
Ich habe mich oft gefragt, wie eigentlich diese wunderbaren „Früchte" des Heiligen Geistes in meinem Leben entstehen. Wie denkst du darüber?

- Sie wachsen von selbst
- Sie wachsen, wenn ich viel bete und in der Bibel lese
- Sie wachsen bei anderen, nur nicht bei mir
- Sie wachsen, wenn ich regelmäßig in die Kirche gehe
- Sie wachsen, wenn ich sie bewusst einübe
- Sie wachsen durch ein Wunder des Heiligen Geistes
- ____

Inzwischen weiß ich, dass es nicht nur eine einzige Antwort auf diese Frage gibt. Wie bei vielen Dingen ist es ein Zusammenspiel zwischen dem, was Gott bewirkt, und dem, was wir tun müssen. Doch eins ist klar: Die „Frucht des Heiligen Geistes" wächst nicht automatisch, sondern muss von uns gewollt sein. Und regelmäßig eingeübt werden. Denn die sieben „Teilfrüchte", die Paulus nennt, sind ja letztlich Einstellungen des Herzens, die zu praktischen Handlungen werden. Es geht um das konkrete Leben und nicht um irgendwelche Gedankenspiele oder Gefühlsregungen.

Ein altes Sprichwort lautet:
Säe einen Gedanken, und du erntest eine Tat.
Säe eine Tat, und du erntest eine Gewohnheit.
Säe eine Gewohnheit, und du erntest einen Charakter.
Säe einen Charakter, und du erntest ein Lebensschicksal.

Darum geht es: Dass du in dein Leben die richtigen Dinge hineinsäst. Das, was du im Alltag einübst, wird dich immer mehr prägen. Es ist eine der größten Lügen unserer Zeit, dass ein Mensch eigentlich für sein Verhalten nicht verantwortlich ist. Immer sollen es die anderen gewesen sein, die die Schuld tragen. Im Zweifelsfall ist es „die Gesellschaft". Doch wer ist das? Letztlich doch wieder du und ich, also Menschen. Wir können unser Verhalten ändern, unsere Einstellungen erneuern, neu denken und fühlen lernen, wenn wir dem Heiligen Geist Raum geben und wenn wir mit ihm zusammenarbeiten.

Deshalb die heutige Aufgabe: Suche dir unter den sieben Einstellungen/Verhaltensweisen, die zur Frucht des Heiligen Geistes gehören, die heraus, mit der du deiner Meinung nach die größten Probleme hast. Und jetzt fang an zu beten, dass Gottes Geist dich verändert und dir zeigt, wie du in kleinen Schritten dein Verhalten ändern kannst.

ZUM WEITERDENKEN:
„Wo der Geist des Herrn ist, da ist Freiheit. Nun aber schauen wir alle mit aufgedecktem Angesicht die Herrlichkeit des Herrn wie in einem Spiegel, und wir werden verklärt in sein Bild von einer Herrlichkeit zur andern von dem Herrn, der der Geist ist." (2. Korinther 3,17-18)

Tag 21: Ein Weg, der immer weitergeht

Mehr wie Jesus werden – das ist das Thema für diese dritte Woche des Jesus-First-Abenteuers. Meine Hoffnung ist, dass du ein bisschen mehr davon verstanden hast, wie Jesus ist. Und dass er das als Ziel hat: dass du mehr wie er wirst.

Du hast dir in dieser Woche Zeit genommen, dein eigenes Leben zu prüfen. Du hast dir Zeit genommen, Jesus anzuschauen und von ihm zu lernen. Das, was ich dir weitergegeben habe, sind Tipps, Vorschläge und Übungen, die du öfters einmal wiederholen kannst.

Mehr wie Jesus zu werden ist ein Weg, der immer weitergeht. Das drückt Johannes, der Freund von Jesus, in einem seiner Briefe aus: *„Meine Lieben, wir sind schon Gottes Kinder; es ist aber noch nicht offenbar geworden, was wir sein werden. Wir wissen aber: wenn es offenbar wird, werden wir ihm gleich sein; denn wir werden ihn sehen, wie er ist. Und ein jeder, der solche Hoffnung auf ihn hat, der reinigt sich, wie auch Jesus rein ist." (1. Johannes 3,2-3)*

Der Weg geht immer weiter.

Ganz wie Jesus werden – das ist ein Ziel, das wir erst dann erreichen werden, wenn wir Jesus ganz persönlich gegenüberstehen werden. Dann werden wir „ihn sehen, wie er ist". Und durch das Anschauen von Jesus werden wir verändert werden, verwandelt, „verklärt" oder „verherrlicht" – Worte, die die Bibel gebraucht, um das auszudrücken, was eigentlich nicht auszudrücken ist.

Aber dass es ein langer und weiter Weg ist, soll dich nicht hindern, heute und morgen ganz konkrete Schritte in diese Richtung zu machen.

Zum Abschluss dieser dritten Woche lade ich dich wieder ein, einen „Brief" an Jesus zu schreiben. Bitte nimm dir ein paar Minuten Zeit und schreib auf, in welche Richtung du dich verändern möchtest. Vielleicht wirfst du noch einmal kurz einen Blick auf die verschiedenen Tagesthemen dieser Woche:

In den Spiegel schauen.
Ein "Charakterporträt" von Jesus.
Jesus färbt ab.
Ablegen und Anziehen.
Ein Lächeln für jeden.
Die Frucht des Heiligen Geistes.

Erinnere dich an das, was du erkannt hast und was dir wichtig geworden ist. Und jetzt schreib deinen ganz persönlichen Brief an Jesus, in dem du ihm sagst, wie du dich verändern möchtest. Vielleicht hilft es dir dabei, dir vorzustellen, wie du in fünf oder zehn Jahren sein möchtest (nicht, was du dann „machen" möchtest). Also: Los geht's. Hier ist Platz für deinen Brief:

Lieber Jesus, mein Herr,
ich ____

____

____

____

____

ZUM WEITERDENKEN:
„Sie sahen den Freimut des Petrus und Johannes und wunderten sich; denn sie merkten, dass sie ungelehrte und einfache Leute waren, und wussten auch von ihnen, dass sie mit Jesus gewesen waren." (Apostelgeschichte 4,13)

ABENTEUER 4: IM NAMEN VON JESUS HANDELN

Tag 22: Was würde Jesus tun?

Herzlichen Glückwunsch! Du hast es bis zur vierten Woche geschafft. Das Experiment, mit Jesus im Alltag zu leben, kommt jetzt richtig auf Touren. Ich hoffe, du hast noch Energie und Biss, um weiterzumachen.

In dieser vierten Woche geht es darum zu lernen, im Namen von Jesus zu handeln. Nach seiner Auferstehung hat Jesus seine Jünger mit folgenden Worten beauftragt: *„Wie mich der Vater gesandt hat, so sende ich euch!" (Johannes 20,21)*

Dieser große Auftrag gilt von diesem Zeitpunkt an allen Nachfolgern von Jesus. Jesus sendet uns in die Welt hinein, damit wir in seinem Namen handeln. Das bedeutet: Wir sind die Repräsentanten von Jesus. Das, was Jesus in einer bestimmten Situation tun würde, sollen wir jetzt tun. Wir sollen sozusagen Stellvertreter von Jesus sein. „In seinem Namen" zu handeln heißt nämlich genau das: An seiner Stelle zu handeln, so zu handeln, wie er es in dieser Lage selbst tun würde.

Seit einigen Jahren gibt es die Aktion mit dem Motto "WWJD". Sicher hast du diese Buchstaben schon einmal gesehen – auf einem Armband, auf einer Kette oder sonst wo. Vielleicht hast du selbst auch schon an der Aktion teilgenommen. WWJD? Steht für die englischen Worte: „What would Jesus do?" – Was würde Jesus tun? Ja, was würde Jesus tun – wenn er heute hier leben würde?

Manche Leute finden diese Frage etwas einengend oder zwanghaft. Aber ich finde stattdessen, dass es eine Frage ist, die unsere Phantasie beflügeln kann. Die uns freisetzen kann, kreativ nachzudenken – darüber, wie Jesus in einer schwierigen Situation reagieren würde.

Stell dir einmal folgende Situationen vor und beantworte dann die Frage, was deiner Meinung nach Jesus tun würde:

Zwei deiner Freunde streiten sich. Der eine wirft dem anderen Dinge vor, die schon längere Zeit zurückliegen. Die Auseinandersetzung wird immer heftiger. Schließlich schwören sie sich, nie mehr miteinander zu reden.	Jesus würde ...
Du hast dich gut vorbereitet auf diese Jugendstunde. Du sollst heute den inhaltlichen Einstieg machen. Du hast dir viel Mühe gemacht. Doch auf einmal merkst du, dass die Leute keine Lust haben, zuzuhören. Sie stören die ganze Zeit und kommen nicht zur Ruhe.	Jesus würde ...
Deine Mutter kommt ins Zimmer und beschwert sich, dass es bei dir nicht aufgeräumt ist. Sie sagt, du würdest nie im Haushalt helfen und dich nicht genug um die Familie kümmern.	Jesus würde ...

Alle in deiner Clique hetzen über den einen Lehrer, weil der zu autoritär ist und obendrein noch keine Ahnung hat. Er ist so ungefähr das absolute Gegenteil von „cool" und stammt insgesamt meinungsmäßig voll aus einem anderen Jahrhundert. Aber du hast den Eindruck, dass er ziemlich einsam ist und sich der Lage nicht gewachsen fühlt.	Jesus würde ...
Du bist mit deinem Auto beim Einparken ganz leicht an das Nachbarauto gestoßen. Niemand hat es gesehen. Beim Nachschauen entdeckst du eine kleine Schramme. Die könnte natürlich auch schon vorher da gewesen sein ...	Jesus würde ...
Du wirst verdächtigt, gelogen zu haben. Jetzt steht dein guter Ruf auf dem Spiel. Fast wärst du ertappt worden, aber anscheinend kann dir keiner genau etwas nachweisen ...	Jesus würde ...

Du merkst sicher schon, dass es gar nicht leicht ist, immer zu wissen, „was Jesus tun würde"! Und noch schwerer ist es, dann auch selbst das zu tun, was er tut.

Das ist deine Aufgabe für den heutigen Tag: Denke in den Alltagssituationen, besonders bei Konflikten, darüber nach, wie Jesus handeln würde. Und überlege, ob du auch so handeln würdest. Und wenn nein, warum eigentlich nicht?

ZUM WEITERDENKEN:

„Lebt nun auch wie Kinder des Lichts! Ein solches Leben führt zu aufrichtiger Liebe, Gerechtigkeit und Wahrheit. Prüft in allem, was ihr tut, ob es auch Gottes Wille ist." (Epheser 5,9–10)

Tag 23: Feste feiern

Was würde Jesus tun? Diese Frage hat dich gestern beschäftigt. Vielleicht hast du mitten im Alltag ein paar Mal eine „Erleuchtung" bekommen und dir ist aufgefallen, was Jesus in dieser Situation getan hätte.

Was würde Jesus tun? Johannes, ein guter Freund von Jesus, berichtet in seinem Exklusiv-Report von einem der ersten Wunder, das Jesus getan hat. Es ging dabei schlicht und ergreifend darum, ein Fest noch schöner zu machen. Was würde Jesus tun? Ein Fest feiern! Was denn sonst? Bitte lies den Bericht über dieses Fest im Johannesevangelium 2,1-11 und beantworte bitte diese Fragen:

1. Hätte es nicht möglicherweise etwas Dringenderes gegeben, als zu diesem Fest zu gehen? Wenn ja, was?

2. Warum hat Jesus keine alkoholfreie Alternative organisiert? Möglicherweise haben sich Leute ja an diesem Wein betrunken?

3. Wäre es nicht besser gewesen, die Brautleute zu ermahnen, besser zu planen und zu organisieren, als ihren Fehler auf diese Weise zu vertuschen?

Wie du siehst, kann man eine ganze Reihe Anfragen an das Verhalten von Jesus stellen. Unklar ist manchen auch bis heute, warum er so schroff auf den Einmischungsversuch seiner Mutter reagiert. Vielleicht kannst du darüber einmal mit deinen Freunden diskutieren.

Mein Hauptpunkt aber ist heute: Eine der ersten Sachen, die Jesus öffentlich machte, ist eben, ein Fest zu feiern und mitzuhelfen, dass es nicht in die Hose geht. Deshalb ist die Frage: Was würde Jesus tun? ganz einfach zu beantworten: Er würde ein Fest feiern - mit allem, was dazu gehört.

Das ist deine zweite Aufgabe in dieser Woche: Du sollst ein Fest feiern und ein paar Leute dazu einladen. An welchem Tag in dieser Woche du das machst, bleibt dir überlassen. Aber eins solltest du auf keinen Fall tun: Dich um diese Aufgabe herumdrücken. Dieses Fest im Namen von Jesus kann ein gemütlicher Abend sein, eine Kaffee- und Kuchen-Fete, eine Eisbomben-Party, ein Tanz-Abend, ein Dia-Abend mit leckerem Knabberzeug und und und ... Heute geht es darum, dieses Fest zu planen. Also: Mach dir eine Liste.

1. Was für ein Fest soll es sein? Gib dem Fest einen „Namen"!
2. Wann soll das Fest steigen? Tag? Uhrzeit?
3. Wo soll das Fest stattfinden? Bei dir zu Hause? In einem anderen Raum? In einem Park?
4. Wen wirst du einladen? Mache dir eine Liste!
5. Wer kann dir helfen, das Fest zu gestalten?
6. Welche Programmpunkte soll es geben?
7. Wie soll deutlich werden, dass es ein Fest mit Jesus ist?
8. Wie werden die Eingeladenen benachrichtigt?
9. Willst du allen etwas zur Erinnerung schenken?

Wie du merkst: Ein Fest vorbereiten bedeutet Arbeit und Einsatz. Du brauchst Phantasie und Kreativität, egal, ob du zwei oder zwanzig Leute einlädst. Vielleicht ist es dir noch nie aufgefallen, aber Jesus sprach ziemlich häufig über Feste. Wenn du noch ein paar Anregungen brauchst, dann lies doch z.B. Lukas 14,7-24 und Lukas 15,11-32. Viel Spaß beim Vorbereiten deines ganz persönlichen Festes im Namen von Jesus!

ZUM WEITERDENKEN:

„‚Mein Sohn war tot, jetzt lebt er wieder. Er war verloren, jetzt hat er zurückgefunden!' Und sie begannen ein fröhliches Fest."
(Lukas 15,24)

ABENTEUER 4: IM NAMEN VON JESUS HANDELN

Tag 24: Ein Gruß von Jesus

Ich hoffe, du bist mit deiner Festplanung gut vorangekommen. Nur eins ist auf keinen Fall okay, wenn du diese Aufgabe überspringst, nur weil du sie etwas aufwendiger findest! Du kennst sicher den alten Satz: Es gibt nichts Gutes, außer man tut es! Der steht zwar nicht direkt in der Bibel, aber etwas Wahres ist dran. Wir werden immer wieder zum konkreten Handeln aufgefordert: *„Seid Täter des Worts und nicht Hörer allein, sonst betrügt ihr euch selbst." (Jakobus 1,22)*

Deshalb werden wir heute auch wieder etwas ganz Konkretes tun. Denn es gibt nichts Schlimmeres, als eine Woche lang das Thema zu haben „Im Namen von Jesus zu handeln", ohne wirklich auch zu handeln.

Jesus erwartet von seinen Freunden, dass sich auch in ihrem Handeln seine Liebe und seine Wahrheit widerspiegeln.
Er rief seine Jünger, bei ihm zu sein und dann in seinem Namen hinauszugehen zu anderen Menschen. Sie sollten die Vorboten von Jesus sein, denn er hatte vor, überall dort hinzukommen, wo seine Jünger vorausgegangen waren (Lukas 10,1).

Jetzt die Aufgabe für heute: Lies bitte die beiden Berichte von der Aussendung der Jünger – die Aussendung der Zwölf (Matthäus 10,1-16) und die Aussendung der Siebzig (Lukas 10,1-11).

Beide Gruppen werden von Jesus ausgesandt. Es waren sozusagen Trainingsläufe für das, was sie später – nach der Kreuzigung und der Auferstehung von Jesus – als Lebensaufgabe erfüllen sollten. Bitte füll jetzt diese kleine Tabelle aufgrund der beiden Aussendungsreden von Jesus aus:

Der Auftrag: Sie sollen ...	Wie?/Was?	Wohin? / An wen gerichtet?	Welches Ergebnis?
... gehen			
... grüßen			
... heilen			
... weitergehen			
... bleiben			
... sagen			
... forschen			
... nicht tun			

Na, hast du was herausgefunden? Hoffentlich war diese Aufgabe nicht zu kompliziert. Doch jetzt kommt deine Hauptaufgabe für heute. Du sollst heute einen „Gruß von Jesus" weitergeben. Das kann auf unterschiedliche Weise geschehen: Durch einen Telefonanruf, einen Brief oder eine Postkarte, eine SMS oder E-Mail, durch ein Päckchen mit einem Geschenk drin.

Überleg dir jetzt einen Menschen, dem du einen Gruß im Namen von Jesus weitergeben willst. Und entscheide dich für eine bestimmte Form, wie du das machst.

Und jetzt bleibt nur noch, es zu tun. Schick einen Gruß an mindestens einen Menschen – im Namen von Jesus. Es dürfen auch mehrere Empfänger sein. Und dann: Achte auf die Reaktion. Daran kannst du erkennen, ob die Leute deinen Gruß wirklich so verstanden haben, wie du ihn gemeint hast: als einen Gruß im Namen von Jesus.

ZUM WEITERDENKEN:

„Wenn ihr in ein Haus eintretet, dann segnet es und sagt: ‚Friede sei mit euch!'" (Matthäus 10,12)

Tag 25: Jesus im Schwächsten erkennen

Das mit dem Grüßen war doch nicht so schwer, oder? Und wie steht es mit der Fete? Wann ist sie dran?

Heute wollen wir einen großen Schritt miteinander tun. Heute ist genau die Halbzeit vom Sieben-Wochen-Abenteuer. Genau der richtige Zeitpunkt, um sich einen der schwereren Brocken des Abenteuerwegs zuzumuten. Bist du dabei? Es geht ja immer noch darum: Im Namen von Jesus zu handeln. Okay? Dann zieh dich warm an. Und schlag auf und lies Matthäus 25,31-46.

In dieser Rede vom Endgericht will Jesus uns einen Spiegel vorhalten. Er will uns zeigen, wie leicht es ist, sich über sein eigenes Leben und Handeln zu täuschen. Wie schnell wir uns für okay und toll halten, während wir in Wirklichkeit ganz grundlegende Dinge nicht tun, die aber zur Nachfolge von Jesus gehören. Vielleicht hilft es dir, diese Tabelle auszufüllen:

Aussage des Königs am Ende der Zeit	Das richtige Tun	Das falsche Tun	Und wie steht's mit mir?
Ich war hungrig.			
Ich hatte Durst.			
Ich war fremd.			
Ich war ohne Kleidung.			
Ich war krank.			
Ich war im Gefängnis.			

Diese ganze Rede von Jesus ist erstaunlich. Mir fallen ein paar Punkte auf, die ich kaum glauben oder verstehen kann.

1. Dass es wirklich einige Menschen gibt, die das Richtige taten. 2. Dass die Leute nicht wissen, was sie getan haben. 3. Dass der König sich mit den Ärmsten und Schwächsten identifiziert. 4. Dass das Gericht so endgültig ist.

Ich muss sagen, dass ich vor solch einer Aussage von Jesus ganz still werde. Ich weiß, dass das, was er sagt, wahr ist. Und ich weiß, dass ich weit davon entfernt bin, das zu tun, was ich eigentlich tun sollte. Und so bleibt mir hier nur die Möglichkeit, zu beten. Hier ist ein Gebet, das du zu deinem eigenen Gebet machen kannst. Oder bete mit eigenen Worten.

Herr Jesus.
Ich möchte dir von ganzem Herzen nachfolgen. Ich möchte deinen Willen tun – in allen Bereichen meines Lebens. Aber immer wieder merke ich, wie weit ich hinter dem zurück bleibe, wie ich sein sollte und was ich tun sollte in deinem Namen. Deshalb bitte ich dich: Herr vergib mir!
Als Menschen in Not waren, habe ich dich nicht in ihnen erkannt. So habe ich dich oft hungrig gesehen und habe weggeschaut. Ich habe dich durstig gesehen und habe das Wasser für mich behalten. Ich habe dich als Fremden gesehen und habe die Tür zugemacht. Ich sah dich nackt und habe dich nicht bekleidet. Ich sah dich krank und habe dich nicht besucht. Ich sah dich im Gefängnis und ging einfach weiter.
Bitte vergib mir und verändere mein Herz. Herr, hilf mir, so zu leben, dass ich in jedem bedürftigen Menschen dich erkennen und ihm in deinem Namen begegnen kann. Amen.

ZUM WEITERDENKEN:
„Gutes zu tun und mit andern zu teilen, vergesst nicht; denn solche Opfer gefallen Gott." (Hebräer 13,16)

Tag 26: Das Markenzeichen der Christen

Im Namen von Jesus handeln – das ist das Thema dieser Woche. Es geht ziemlich ans Eingemachte, nicht wahr? Gerade dieser Abschnitt aus den Endzeitreden von Jesus kann uns aus unserer Selbstgefälligkeit aufrütteln.

Ich glaube nicht, dass Jesus uns damit Angst machen wollte. Seine Beispielerzählungen – häufig Gleichnisse genannt – sind eher dazu da, uns etwas eindringlich klar zu machen. Er wollte auch keine Werkgerechtigkeit fördern, wo wir nur noch danach schauen, ob wir auch wirklich unsere Arbeit für den Tag erfüllt haben und jetzt schon genug „gute Werke" getan haben, um vor ihm bestehen zu können. Solch ein Verständnis ist das genaue Gegenteil von dem, was Jesus eigentlich will.

Nein, mit seinen teilweise sehr eindringlichen Aussagen will er uns sein Herz zeigen. Sein Herz, das gerade für die Geringsten schlägt, für die Vergessenen und Übersehenen, für die Armen und Ausgestoßenen. Und er will uns, seinen Freunden und Nachfolgern, genau die gleichen Anliegen aufs Herz legen. Deshalb schärft er uns ein: Schau nicht auf das Äußere – sondern sieh tiefer! Und erkenne, dass du es bei deiner Begegnung mit dem Nächsten letztlich mit mir selbst zu tun hast.

Das, was wir häufig auseinander reißen, die Liebe zu Gott und die Liebe zum Nächsten, bindet Jesus ganz fest zusammen:

„Du sollst den Herrn, deinen Gott, lieben von ganzem Herzen, von ganzer Seele, von allen Kräften und von ganzem Gemüt, und deinen Nächsten wie dich selbst." (Lukas 10,27)

Gott lieben und unseren Nächsten lieben – das gehört nach Jesus untrennbar zusammen. Ich kann nicht Gott lieben und meinen Nächsten hassen. Ich kann nicht Gott lieben und meinen Nächsten betrügen, hinter seinem Rücken negativ über ihn reden, ihn verdächtigen, seinen Ruf schädigen, ihn ausschalten oder vielleicht sogar umbringen. Wenn ich behaupte, Gott zu lieben, dann muss das auch Auswirkungen auf mein Verhalten dem Nächsten gegenüber haben.

Deshalb ist das Markenzeichen der Christen die Liebe.

Im Lauf der Zeit gab es verschiedenste Markenzeichen, an denen Christen erkannt werden sollten: In den siebziger Jahren waren es die Birkenstock-Sandalen, in den Achtzigern und Neunzigern der Fischaufkleber auf dem Auto, in Ägypten sind es die eintätowierten Kreuze über der Pulsschlagader, die deutlich machen: Ich will lieber sterben als meinen Glauben aufzugeben! In manchen Gemeinden sind es die kurzen Haare der Männer und die langen, zum Knoten gebundenen Haare der Frauen, und so weiter und so weiter. Die Beispiele sind endlos, und zu jedem gibt es mindestens ein Gegenbeispiel.
So schimpfte mich einmal in einer Gemeinde ein älterer Herr nach der Predigt aus mit den Worten: „Ich habe Ihnen gar nicht zuhören können, weil Sie keine Krawatte tragen!" Kurz vorher war ich in Russland gewesen, wo in manchen Gemeinden eine Krawatte als Zeichen der Weltlichkeit angesehen wurde!

Nein, es ist und bleibt so: Das einzig wahre Markenzeichen der Christen ist die Liebe. Und zwar keine softe, sentimentale Liebe, sondern Liebe in Aktion.

Deshalb die Aufgabe heute:
Überleg dir – anhand der Bibelabschnitte der beiden letzten Tage –, welche konkrete Tat der Liebe du heute tun willst. Es muss nichts Großes und Bedeutungsschweres sein. Es kann etwas ganz Kleines und vor den Augen der anderen Verborgenes sein. Aber es sollte etwas Konkretes sein. Tu heute etwas im Namen von Jesus, was die Liebe Gottes ausdrückt.

Ein ganz origineller Aktionskünstler der Liebe war der inzwischen verstorbene Pfarrer Paul Deitenbeck aus Lüdenscheid. Von ihm wurde gesagt, dass er dauernd etwas verschenken würde – Blumensträuße, Pralinen, Geldscheine und so weiter. Ich bin ihm in meinem Leben nur wenige Male persönlich begegnet. Aber jedes Mal war es so: Ich ging beschenkt aus der Begegnung weg. Das eine Mal waren es zehn Mark, das andere Mal fünfzig, einmal eine Pralinenschachtel und ein anderes Mal ein Buch. Der Mann war noch besser als sein Ruf!

Lass dir was einfallen. Sei kreativ.
Tue heute etwas Kleines oder Großes, ganz egal, um die Liebe Gottes einem anderen Menschen deutlich zu machen.

ZUM WEITERDENKEN:
„Gott ist die Liebe; und wer in der Liebe bleibt, der bleibt in Gott und Gott in ihm." (1. Johannes 4,16)

Tag 27: Reden, wie Jesus es möchte

Sicher hast du inzwischen deine Fete gehabt. Allzu gern wüsste ich, wie das war. Wahrscheinlich habt ihr viel Spaß gehabt. Vielleicht sind neue Beziehungen unter euch entstanden. Eigentlich eine gute Idee: Immer mal wieder Feste im Namen von Jesus feiern.

Darum geht es heute: Handeln, wie Jesus es will. Oft machen wir ja einen großen Unterschied zwischen Reden und Handeln. Als ob das, was wir sagen, nicht so wichtig wäre wie das, was wir tun. Aber die Bibel sieht das anders. Das, was wir mit dem Mund sagen, ist ebenso eine Tat wie das, was wir mit den Händen tun. Worte können die Welt genauso verändern wie Schläge. Worte können Gutes bewirken, aber auch viel Böses.

Der Brief von Jakobus beschäftigt sich mit ganz praktischen Dingen, zum Beispiel unserem Reden: ***„Genauso ist es mit unserer Zunge.** So klein sie auch ist, was kann sie nicht alles anrichten! Ein kleiner Funke setzt einen ganzen Wald in Brand. Mit einem solchen Feuer lässt sich auch die Zunge vergleichen. Sie kann eine ganze Welt voller Ungerechtigkeit und Bosheit sein, die uns und unser Leben vergiftet." (Jakobus 3,5-6)*
Es geht also darum, so zu reden, wie Jesus reden würde. Er hat den Maßstab deutlich genannt: *„Eure Rede sei: Ja, ja; nein, nein. Was darüber ist, das ist vom Übel." (Matthäus 5,37)*

Heute wollen wir mal einen Redetest machen. Reden, wie Jesus es möchte, heißt nicht, andauernd fromme Worte auf den Lippen zu führen. Aber es heißt, ehrlich zu reden. Wahrhaftig zu sein in dem was wir sagen. Nicht zu untertreiben. Nichts zu vertuschen. Keine Menschen fertig machen mit unseren Worten.

Das Neue Testament enthält ausführliche Aussagen, die den richtigen und falschen Umgang mit Worten darstellen. Hier deine Aufgabe: Lies diese Bibelverse und schreibe auf, welche Art von Reden gut und hilfreich ist und welche nicht.

Bibeltext	Verhalten - nicht okay	Verhalten - okay	Für mich ein/ kein Problem?
Epheser 4,25			
Epheser 4,29			
Epheser 5,3			
Epheser 5,4			
Epheser 5,12			
Epheser 6,9			
Jakobus 1,19			
Jakobus 2,3-4			
Jakobus 3,9-10			
Jakobus 3,16-17			
Jakobus 4,13-15			
Jakobus 4,16			
Jakobus 5,12			

So, das war ein richtiges Bibelstudium. Ich hoffe, es hat dir geholfen, genauer zu merken, wie du mit deinen Worten umgehst. Und jetzt die Aufgabe für den Rest des Tages: Rede einfach so, wie es Jesus auch tun würde. Vielleicht doch nicht so einfach? Na ja, zumindest einen Versuch ist es wert.

ZUM WEITERDENKEN:

„Als Jesus seine Rede beendet hatte, waren die Zuhörer tief betroffen. Denn was er gesagt hatte, waren nicht leere Worte wie bei ihren Schriftgelehrten. Sie merkten, dass Gott selbst durch Jesus zu ihnen gesprochen hatte." (Matthäus 7,28-29)

Tag 28: Das Jesus-Modell

Die vierte Woche kommt zum Höhepunkt. Du hast ein Fest im Namen von Jesus gefeiert. Du hast darüber nachgedacht, was es heißt, so zu reden, wie Jesus es tun würde. Du hast das Markenzeichen der Christen neu in den Blick genommen. Du bist im Namen von Jesus unterwegs zu anderen gewesen.

Handeln im Namen von Jesus ist keine Last, sondern ein großes Vorrecht. Es ist keine Leistung, die wir Jesus zu bringen haben, sondern der natürliche Ausdruck davon, dass wir seine Freunde und Nachfolger sind. Heute wollen wir noch einmal eine Schicht tiefer gehen. Wir wollen nicht nur auf die Handlungen an sich schauen, sondern auf die Motivation, die darunter liegt. Auch dabei ist Jesus unser Vorbild. Deshalb kommt jetzt ein Blick auf Jesus – das Vorbild unseres Handelns.

Dazu schlag den Abschnitt Philipper 2,1-11 auf. Nimm dir verschiedene Übersetzungen und lies den Text zwei- oder dreimal langsam. Und jetzt beantworte bitte folgende Fragen:

1. Wo setzt Paulus an?

___

2. Worauf legt Paulus besonderen Wert bei ihrem Verhalten?

___

3. Die Christen sollen sich „an Jesus orientieren" (Übersetzung „Hoffnung für alle") oder „so gesinnt sein, wie Jesus Christus auch war" (Lutherübersetzung). Was genau sollen sie sich zum Vorbild nehmen?

___

4. Kann man so leben? Oder ist das ein unerreichbares Ziel?

---

5. Wie reagiert Gott, wenn Menschen diese Einstellung von Jesus nachahmen – im Großen oder im Kleinen?

Paulus versuchte in seinem Leben, sich konsequent an diesem „Jesus-Modell" zu orientieren. Einige Verse weiter sagt er: *„Aber seit ich Christus kenne, ist für mich alles ein Verlust, was ich früher als großen Gewinn betrachtet habe. Denn das ist mir klargeworden: Gegenüber dem unvergleichlichen Gewinn, dass Jesus Christus mein Herr ist, hat alles andere seinen Wert verloren. Ja, alles andere ist für mich nur noch Dreck, wenn ich bloß Christus habe ... Um ihn allein geht es mir. Ihn will ich immer besser kennen lernen ..." (Philipper 3,7-8+10 i.A.)*

Das Jesus-Modell ist das genaue Gegenteil von dem, was in unserer Welt als normal gilt. Jesus ist klein geworden, niedrig, unbedeutend, missverstanden, ausgestoßen, ja gekreuzigt und damit aus der Gemeinschaft der ehrbaren Menschen ausgelöscht. Handeln im Namen von Jesus heißt bereit sein, diesen niedrigen, verachteten und missverstandenen Weg zu gehen. Handeln im Namen von Jesus heißt, ein Diener für andere zu werden, so wie Jesus Diener für alle geworden ist.

Hier geht es noch mal ein Stück tiefer. Es geht um unsere innere Einstellung, unser Herz. Um unsere Maßstäbe und unsere Ziele. Darum, ob wir wirklich bereit sind, zu handeln und zu leben im Namen von Jesus. Das zu tun, ist ein Abenteuer, nicht nur für sieben Wochen, sondern für ein ganzes Leben.

ZUM WEITERDENKEN:
„Der Sohn des Menschen ist nicht gekommen, um sich dienen zu lassen, sondern um zu dienen und sein Leben zu geben als ein Lösegeld für die Vielen." (Markus 10,45)

ABENTEUER 5: JESUS BESSER VERSTEHEN

Tag 29: Spurensuche in Sachen Jesus

Hallo! Bist du noch dabei? Super! Ich muss dich loben! Einfach ist es ja nicht, diese Wochen konsequent durchzuhalten. Aber – ich verrate dir ein Geheimnis. Aber nicht weitersagen! Also: Dies ist ja keine Schulaufgabe und auch keine Examensprüfung. Sondern ein ganz persönliches, auf dich zugeschnittenes Experiment. Und wenn du ein bisschen länger brauchst als die sieben Wochen, und wenn du mal zwischendurch einen oder sogar ein paar Tage Pause machst, ist das nicht so schlimm! Denn hier gilt auch die olympische Regel: Dabei sein ist alles!

Also: Entspann dich und lass dich auf ein neues Thema ein. In dieser Woche geht es darum, Jesus besser zu verstehen. Mit anderen Worten: Wir machen einen Minikurs in Theologie. Keine Angst! Es wird gar nicht so kompliziert. Und es wird dir sicher helfen – gerade in deinen Gesprächen mit Freunden, die noch nicht an Jesus glauben. Klares Denken hat noch niemandem geschadet. Erst recht nicht Christen. Es ist ein Mythos, dass wir unseren Verstand an der Garderobe abgeben müssen, wenn wir Jesus nachfolgen. Das Gegenteil ist der Fall.

Also:
Jesus besser verstehen. Darum geht es in den nächsten Tagen. Heute tasten wir uns ganz vorsichtig heran. Hast du Mut, drei oder vier Leute in deiner Umgebung zu interviewen? Egal wen, es darf die Oma sein, der Lehrer, der fünfjährige Nachbarjunge und auch die Freunde in der Clique. Okay? Hier einige Fragen für deine Feldforschung:

Interviewfragen	Antw. 1	Antw. 2	Antw. 3	Antw. 4	Häufigste Antwort
Wer war Jesus deiner Meinung nach? – Gottes Sohn oder einfacher Mensch?					
In welchem Land lebte Jesus? Rom, Ägypten, Israel, Persien?					
Was wissen wir über Jesus – gar nichts, ein bisschen, ziemlich viel?					
War Jesus ein guter Mensch? Wenn ja, wieso?					
Warum ist Jesus am Kreuz gestorben?					
Wo wird uns von Jesus berichtet? Neues Testament, Talmud, Josephus Flavius (Tipp für dich: Alle drei Antworten sind richtig)					
Hat Jesus heute noch Bedeutung? Wenn ja, warum?					

Na, wie war die Umfrage? Lustig? Vielleicht ist dein Umfeld ja informierter in Sachen Jesus als der durchschnittliche Bundesbürger.

Jetzt kommen wir zur zweiten Aufgabe – da bist du selbst gefordert. Lies bitte die Begebenheit in Johannes 4,1-42. Hier begegnet Jesus einer Frau aus Samarien. Im Lauf der Begegnung geht es darum, wer Jesus ist. Deine Aufgabe: Finde mindestens sieben Aussagen bzw. Vermutungen/Bezeichnungen über Jesus, die in diesem Abschnitt gemacht werden. Los geht's! Übrigens: Die Auflösung gibt's morgen. Aber nicht nachsehen!

ZUM WEITERDENKEN:

„Wer ist dieser Mann? Sogar Wind und Wellen gehorchen ihm, wenn er es befiehlt!" (Lukas 8,25)

Tag 30: Jesus – mehr als du denkst

Den Bericht über die Begegnung von Jesus mit der Frau am Brunnen hast du jetzt schon zweimal gelesen: Gestern und ganz am Anfang dieses Abenteuers, am ersten Tag. Das ist schon eine spannende Geschichte, nicht wahr? Vielleicht hat die Frau fünfmal erlebt, dass ihr Mann gestorben ist. Oder sie ist fünfmal von ihrem jeweiligen Mann verstoßen worden, denn nur Männer konnten die Scheidung aussprechen. Und der jetzige Mann hat noch nicht mal die Courage, sie zu heiraten! Gut, dass Jesus dieser Frau echtes Lebenswasser angeboten hat.

Also: Hast du die Titel/Bezeichnungen gefunden, die in dieser Geschichte versteckt sind? Ich habe insgesamt acht direkte Aussagen über Jesus gefunden: 1. Jesus ist ein Jude (Johannes 4,9). 2. Jesus wird als „Herr" angesprochen (V. 11). 3. Die Frau überlegt, ob er wohl „mehr als unser Vater Jakob" ist (V. 12). 4. Sie bezeichnet ihn als „Prophet" (V. 19). 5. Jesus gibt sich als „Messias", das heißt „Christus" zu erkennen (V. 25-26). 6. Die Frau bezeichnet ihn als „einen Menschen" (V. 29). 7. Die Jünger nennen ihn „Rabbi" (V. 31). 8. Die Leute aus Sychar nennen ihn den „Heiland der Welt" („Retter der Welt") (V. 42).

Jesus besser verstehen – das ist das Ziel in dieser Woche. Allein dieser kurze Abschnitt hat gezeigt, dass sich unter der Oberfläche mehr verbirgt, als wir auf den ersten Blick erkennen können. Über jede dieser Aussagen über Jesus könnte man ein ganzes Buch schreiben. Im Neuen Testament gibt es viele verschiedene Titel für Jesus. Jeder von ihnen drückt einen anderen Aspekt aus. Hier sind ein paar davon. Bitte nimm dir Zeit und schreib auf, was sie über Jesus aussagen und was sie dir persönlich bedeuten.

Titel	Drückt aus, dass Jesus ...	Für mich wichtig, weil ...
Messias		
Heiland		
Herr		
Christus		
König		
Freund		
Erlöser		
Lehrer		
Prophet		
Lamm Gottes		

Gibt es andere Bezeichnungen für Jesus, die dir einfallen?

1. ______________ 2. ______________ 3. ______________

4. ______________ 5. ______________ 6. ______________

Die Frau in Samarien hat Stück für Stück erkannt, dass Jesus mehr ist. Mehr, als sie zuerst dachte. Sie hielt ihn für einen einfachen jüdischen Mann, vielleicht einen Rabbi. Später vermutete sie, dass er ein Prophet sein könnte. Und am Ende kam sie – zusammen mit den anderen Leuten aus ihrem Ort – zu der Gewissheit: Jesus ist der von Gott verheißene Messias.

Deine zweite Aufgabe für heute: Denke darüber nach, wie im Lauf der Zeit dein Verständnis für Jesus gewachsen ist. Was hast du früher über Jesus gedacht? Wie siehst du ihn heute? Und: Welche Rolle hat das Lesen der Bibel dabei gespielt?

ZUM WEITERDENKEN:

„Kommt mit! Ich habe einen Mann getroffen, der alles von mir weiß; dabei hat er mich noch nie gesehen! Ob er wohl der Messias ist?" (Johannes 4,29)

ABENTEUER 5: JESUS BESSER VERSTEHEN

Tag 31: Die Zeichen des Messias

Jesus besser verstehen – das ist unser Ziel in dieser Woche.
Dazu müssen wir ein bisschen Denkarbeit bewältigen. Aber ich bin sicher, dass das für dich kein Problem ist, oder? – Also: Es geht los.

Wenn du die Berichte über das Leben von Jesus liest, die Evangelien, dann merkst du, dass Jesus nicht mit einem Schild herumlief, auf dem stand: „Achtung, Achtung! Ich bin der Messias, der Sohn Gottes! Achtung, Achtung!“ Sondern es war so wie bei der Frau aus Sychar. Menschen, die Jesus begegneten, merkten Stück für Stück, manchmal langsam, manchmal auch ganz plötzlich: Jesus ist mehr! Jesus ist der verheißene Messias. Jesus ist der Sohn Gottes. Aber an einer Stelle sagte Jesus klipp und klar, wozu er gekommen war. Das war in seinem Heimatdorf Nazareth hoch oben auf den Hügeln von Galiläa. Er wollte seine Verwandten, Bekannten und Freunde nicht im Ungewissen darüber lassen, wer er war.

Nachdem er im Jordan getauft und mit dem Heiligen Geist erfüllt worden war, kam er zurück nach Nazareth und ging in die kleine Synagoge. Dort übernahm er an einem Sabbat die Lesung. Das war sein gutes Recht als erwachsener Mann. Und dann geschah es. Bitte lies den Abschnitt Lukas 4,14-30.

Okay? Jetzt bist du dran. Bitte schreib auf, welche Hinweise Jesus seinen Landsleuten dafür gibt, dass er mehr ist, als sie denken. Was sind die Zeichen des Messias?

1. ____________________________________
2. ____________________________________
3. ____________________________________
4. ____________________________________

Und hier kommt die zweite Aufgabe: Warum haben deiner Meinung nach die Mitbürger von Jesus nicht akzeptiert, was er sagte?

1. ______________________________
2. ______________________________
3. ______________________________
4. ______________________________

Sie versuchten, Jesus auszuschalten. Das hat sich im Leben von Jesus und in der Geschichte immer wiederholt. Obwohl Jesus nie jemandem etwas Böses getan hat, versuchten seine Gegner, ihn loszuwerden. Wahrscheinlich spürten sie deutlicher als viele Menschen heute, dass es wirklich nur diese Alternative gibt: Entweder ist Jesus der Messias, der von Gott Gesandte – und dann heißt das, dass wir unser Leben ändern müssen. Oder er ist ein Betrüger, ein Täuscher oder Größenwahnsinniger – und dann muss man verhindern, dass er noch mehr Anhänger gewinnt.

Denke nach, woran du erkannt hast: Jesus ist wirklich der Messias! Überlege, wo du in deinem Leben oder deiner Umgebung schon „Zeichen des Messias Jesus" entdeckt hast.

Das jüdische Volk wartet noch heute auf das Kommen des Messias. Immer wieder stehen Menschen auf, die sich als Messias ausgeben. Als Christen wissen wir, dass der Messias gekommen ist. Sein Name war Jesus von Nazareth. Durch den Glauben an ihn sind wir Teil der großen Geschichte Gottes mit seinem Volk geworden.

ZUM WEITERDENKEN:

„Herr, wohin sollen wir gehen? Du hast Worte des ewigen Lebens; und wir haben geglaubt und erkannt: Du bist der Heilige Gottes." (Johannes 6,68-69)

Tag 32: Der Jesus-Code

Bei unseren Nachforschungen in Sachen Jesus müssen wir heute ein bisschen Detektiv-Arbeit leisten. Gestern haben wir über die „Zeichen des Messias" nachgedacht und geschaut, inwiefern sie auf Jesus zutreffen. Heute wollen wir uns mit weiteren Hinweisen darauf beschäftigen, wer Jesus war.

Bei der Kreuzigung war über dem Kopf von Jesus eine kleine Tafel angebracht, auf der die folgenden Buchstaben standen: I.N.R.I. Weißt du, was sie bedeuten?

____

Und wieso kann diese Aussage Grund für eine Hinrichtung sein?

____

Hier etwas an Hintergrundinformation:
„Messias", auf hebräisch „maschiach", heißt wörtlich übersetzt "Gesalbter". In der Zeit des Alten Testamentes wurden drei Gruppen von Menschen „gesalbt", das heißt mit Öl übergossen als Zeichen einer besonderen Berufung und Bevollmächtigung durch Gott: Die Könige, die Priester und manche der Propheten.

Zur Zeit von Jesus hatte das Wort Messias vor allem die Bedeutung: König, politischer Befreier. Auf solch einen Messias wartete das jüdische Volk, das unter der römischen Fremdherrschaft litt. Sie hofften darauf und beteten darum, dass bald der ersehnte, von Gott gesandte König käme. Für sie war das vor allem ein politischer Befreier.

Jesus selbst hat diese Bezeichnung nicht häufig für sich gebraucht. Vielleicht, weil sie damals zu missverständlich war?

Aber er gebrauchte einen anderen Titel, der aus dem Alten Testament stammte. Er sprach von sich oft als „Menschensohn" oder „Sohn des Menschen". Das war eine Art Geheimcode, den er für sich verwendete.

Was er damit meinte, ist nicht auf den ersten Blick klar. Dazu braucht man etwas Hintergrundwissen. Manche Leute meinen, dass Jesus damit sagen wollte, er sei eben ein „Mensch wie jeder andere auch", ein „Mensch wie du und ich". Das wird manchmal sogar in theologischen Büchern verbreitet.

In Wirklichkeit hat dieser Titel eine ganz andere Bedeutung, die viel weit reichender ist. Lies dazu bitte den Abschnitt aus dem Danielbuch, Kapitel 7,13-14.

Was wird hier über den „Menschensohn" gesagt?

1. ______________________________

2. ______________________________

3. ______________________________

4. ______________________________

Es ist klar, der „Menschensohn" ist kein einfacher „Junge von nebenan", sondern der von Gott eingesetzte Richter über die ganze Welt.

Wenn Jesus also diesen Titel für sich in Anspruch nimmt, sagt er damit: Ich bin die zentrale Schlüsselfigur der Weltgeschichte. Ich bin der Richter, vor dem jeder einmal die Knie beugen muss.
Genau das sagt Jesus aus in seiner Rede über das Ende der Zeit.

Lies nach: Matthäus 24,29-31.

Also: Der Titel „Menschensohn" ist der Geheimcode von Jesus.

Und jetzt kommt der Knüller: Jesus benutzt diesen „Geheimausdruck" und setzt ihn in einen ganz anderen Zusammenhang. Er sagt: *„Der Menschensohn ist nicht gekommen, um sich dienen zu lassen, sondern um zu dienen und sein Leben zu geben als Lösegeld für die Vielen." (Markus 10,45)*

Das heißt: Der Richter wird zum Diener. Der Herr wird zum Knecht. Der Höchste wird zum Niedrigsten. Der Herr über Leben und Tod stirbt am Kreuz, um andere zu erlösen.

Kein Wunder, dass viele das nicht verstanden haben. Noch nicht mal seine engsten Vertrauten, die Jünger.

Aber wer das versteht, für den wird der Geheimcode von Jesus zum Schlüssel für den größten Schatz, den es gibt. Nämlich den Schatz, Jesus zu erkennen und dadurch ein Leben zu finden, das unzerstörbar ist.

ZUM WEITERDENKEN:
„Wer, sagt ihr aber, dass ich sei? Da antwortete Petrus: Du bist der Christus Gottes! Er aber gebot ihnen, dass sie das niemandem sagen sollten, und sprach: Der Menschensohn muss viel leiden." (Lukas 9,20-22)

Tag 33: Der Schatten des Kreuzes

Bist du noch dabei? Wir nähern uns jetzt Stück für Stück dem zentralen Punkt der Botschaft des Neuen Testaments – dem zentralen Punkt des christlichen Glaubens. Nämlich dem Kreuz.

Zuerst eine kleine Aufgabe: Was fällt dir bei dem Begriff „Kreuz" so alles ein?
Ich fange mal eine Liste an, und du kannst sie weiterführen:

1. Rotes Kreuz
2. Kreuz auf Kirchturm
3. ______________________________
4. ______________________________

Zur Zeit von Jesus war die Kreuzigung das Furchtbarste, was es überhaupt an Hinrichtungsarten gab. Die Römer hatten diese Methode der Hinrichtung von anderen Völkern übernommen. Aber sie kreuzigten nur die, die sie für den Abschaum hielten: Sklaven, Nichtrömer, Verbrecher der schlimmsten Sorte, denen sie zuvor die römischen Bürgerrechte aberkannt hatten.

Kein Wunder, dass die Freunde von Jesus protestierten, als Jesus anfing, davon zu sprechen, dass er selbst am Kreuz sterben würde. Wir haben uns durch die lange christliche Tradition so daran gewöhnt, dass uns gar nicht mehr auffällt, wie furchtbar die Sache mit dem Kreuz eigentlich ist.

Jesus aber sprach je länger, desto deutlicher davon, dass er am Kreuz sterben würde.

Warum musste das sein? Was war der Sinn?

Wir schaffen es nicht, in diesem kurzen „Jesus first"-Abenteuer-Kurs die ganze Tiefe der biblischen Aussagen über das Kreuz von Jesus zu erforschen oder zu erfassen.

Dazu müsstest du das Neue Testament und viele Abschnitte aus dem Alten Testament in Ruhe lesen, um dich dieser Wahrheit anzunähern.

Deshalb hier nur ein ganz kleiner Einstieg.

1. Am Kreuz wird Jesus ganz niedrig – er wird zum Knecht und Sklaven für uns

Er hat es selbst gesagt: *„Der Menschensohn ist nicht gekommen, um sich bedienen zu lassen, sondern um zu dienen und sein Leben zu geben als Lösegeld für die Vielen." (Markus 10,45)*

Jesus nimmt diese Aussagen direkt aus dem Abschnitt des Alten Testaments, der am deutlichsten über den Knecht Gottes spricht, der leiden muss und sein Leben als Lösegeld für die Menschen gibt.

A *Bitte nimm dir Zeit und lies dieses zentrale Kapitel aus Jesaja 53.*

Welche Ereignisse aus dem Leben von Jesus sind hier von dem Propheten Jesaja mehrere hundert Jahre zuvor genau beschrieben?

1. ______________________________
2. ______________________________
3. ______________________________
4. ______________________________
5. ______________________________

Ich finde erstaunlich, dass diese Prophezeiung so detailgetreu voraussagt, was mit Jesus geschehen würde.

2. Am Kreuz steigt Jesus in die Einsamkeit und Gottesferne der Menschen ein.

Lies den Bericht von der Kreuzigung von Jesus Matthäus 27,31-54.

Als er rief: *„Mein Gott, mein Gott, warum hast zu mich verlassen?"*, da zitierte er den Psalm 32. Dort wird bis in die kleinsten Details ein Mensch dargestellt, der einen furchtbaren Tod stirbt – und der dennoch am Ende von Gott gerecht gesprochen wird (ähnlich wie in Jesaja 53). Wieder passt diese Beschreibung nur auf Jesus.

3. Am Kreuz zeigt sich, wie sehr Gott uns liebt.

„Denn Gott hat die Menschen so sehr geliebt, dass er seinen einzigen Sohn für sie hergab. Jeder, der an ihn glaubt, wird nicht verloren gehen, sondern das ewige Leben haben." (Johannes 3,16)

Was bedeutet das Kreuz für dich?

____

____

____

____

____

____

ZUM WEITERDENKEN:

„Er kam in sein Eigentum, doch die Seinen nahmen ihn nicht auf." (Johannes 1,11)

Tag 34: Alles wird neu

Wir sind immer noch bei dem Thema: Jesus besser verstehen. Das Kreuz verstehen heißt, Jesus zu verstehen.

Was ist für dich beim Kreuz von Jesus das Wichtigste?

___

Was ist für Menschen heute beim Kreuz von Jesus schwer verständlich?

___

Die ersten Christen haben von Anfang an erkannt, dass die Hingabe von Jesus am Kreuz alles in der Welt verändert und auf den Kopf stellt. Sie wussten: Jesus hat das ganz Unglaubliche getan – er war selbst bei Gott – und war Gott – und wurde doch ganz niedrig für uns.

Die ersten Christen dichteten eine Reihe von Liedern über dieses Geheimnis des Kreuzes. Eines der frühen Lieder der Christen drückt dieses Staunen aus. Paulus zitiert es im Brief an die Philipper (Kapitel 2,5-11) – ein Abschnitt, den wir schon einmal angeschaut haben.

"Orientiert euch an Jesus Christus:
Obwohl er Gott in allem gleich war
und Anteil an Gottes Herrlichkeit hatte,
bestand er nicht auf seinen Vorrechten.
Nein, er verzichtete darauf und wurde rechtlos wie ein Sklave.
Er wurde wie jeder andere Mensch geboren
und lebte als Mensch unter uns Menschen.
Er erniedrigte sich selbst und war Gott gehorsam bis zum Tod,
ja bis zum schändlichen Tod am Kreuz.

Darum hat ihn Gott auch herrlich zu sich erhoben und ihm den Namen gegeben,
der über allen Namen steht.
Vor Jesus werden sich einmal alle beugen:
alle Mächte im Himmel, alle Menschen auf der Erde
und alle im Totenreich.
Und jeder ohne Ausnahme soll zur Ehre Gottes, des Vaters, bekennen:
Jesus Christus ist der Herr!"

Bitte nimm dir Zeit, dieses Lied mehrere Male zu lesen, möglichst laut.

Ein paar Fragen zum Nachdenken:

1. Was unterscheidet Jesus von uns? Wo unterscheidet er sich nicht?
2. Welchen Weg ist Jesus gegangen? Was war am Ende dieses Weges?
3. Welche Auswirkungen hat das Sterben von Jesus am Kreuz?
4. Warum ist der Name „Jesus" so besonders?

Der Tod am Kreuz war nicht das Ende. Jesus ist auferstanden. Das ist der Wendepunkt der Geschichte.

Durch die Auferweckung Jesu von den Toten hat Gott der Vater das Siegel auf Jesus gesetzt. Damit wird klar: Alles ist gültig, was Jesus gesagt und was er getan hat. Kein Wort von Jesus fällt leer auf den Boden. Keine Tat von Jesus ist vergeblich getan.

Und wer sich mit Jesus verbindet, ist auf der Seite dessen, der in Ewigkeit bleibt. Denn Jesus ist der Herr. Wenn das wirklich stimmt, dann kann sich alles in unserem Leben ändern. So wie Gott aus dem Tod von Jesus neues Leben hervorgebracht hat, und so wie Jesus aus der tiefsten Erniedrigung erhöht worden ist, so kann sich auch bei uns alles ändern. Alles wird neu, weil Jesus auferstanden ist.

Jetzt deine Aufgabe. Bitte führe diese Sätze weiter:

Jesus ist auferstanden. Deshalb gilt:

Viele Namen werden in dieser Welt geehrt und hochgejubelt, aber ...	
Auch in Krankheit und Leid kann ich Hoffnung haben, denn ...	
Menschen leiden in dieser Welt. Jesus kann das verstehen, weil ...	
Der Tod hat nicht das letzte Wort in meinem Leben, sondern ...	
Wenn auch heute viele Menschen Jesus noch ablehnen oder verkennen, so ...	
Wenn in meinem Leben alles hoffnungslos aussieht ...	

Jesus besser zu verstehen, das ist unser Ziel. Es ist eine Aufgabe, die du nicht in wenigen Tagen bewältigen kannst. Es ist der Weg eines ganzen Lebens.

ZUM WEITERDENKEN:

„Du sollst ihn Jesus nennen, denn er wird sein Volk erlösen von ihren Sünden." (Matthäus 1,21)

Tag 35: Der ewige Doppelpunkt

In dieser fünften Woche haben wir versucht, gemeinsam mehr von Jesus zu verstehen. Vielleicht geht es dir ähnlich wie mir: Dir ist total bewusst, wie viel mehr eigentlich gesagt werden müsste über Jesus. Und wie sehr wir am Anfang stehen vom Verständnis davon, wer Jesus ist. Deshalb möchte ich dir hier die Chance geben, einmal aufzuschreiben, wer Jesus für dich ist. Hier sind ein paar Satzanfänge zum Weiterführen:

Jesus, du bist für mich vor allem:

___

Jesus, wenn ich an dich denke, bewundere ich vor allem:

___

Das Neue Testament ist voller Titel von Jesus. Hier kommt nur eine kleine Auswahl aus diesen Namen oder Bezeichnungen für Jesus. Vielleicht kennst du bei manchen sogar die Bibelstelle:

Jesus, das Lamm Gottes, der Messias, der Bruder unter Brüdern, der Anfänger und Vollender unseres Glaubens, der Sieger auf dem weißen Pferd, der Herr, der Christus, das Haupt der Gemeinde, der Richter, der Menschensohn, die Versöhnung für unsere Sünden, der Sohn Davids, der Sohn Gottes, der Bräutigam, der ewige Sohn des Vaters, der Nazarener, der König der Juden, König der Könige und Herr der Herren, der Erstgeborene vor aller Schöpfung, der König der Juden, der Freund der Sünder, der Mittler des neuen Bundes, derselbe gestern, heute und in Ewigkeit ...

Jeder dieser Titel oder Namen beleuchtet einen anderen Aspekt von Jesus. Jesus selbst hat immer wieder Aussagen darüber gemacht, wer er ist. Ganz einprägsam sind die Worte, die mit „Ich bin" anfangen: Ich bin die Tür. Ich bin das Brot des Lebens. Ich bin der Weg und die Wahrheit und das Leben. Ich bin die Auferstehung und das Leben. Ich bin das A und das O, der Anfang und das Ende. Ich bin der Erste und der Letzte und der Lebendige. Ich bin der gute Hirte. Ich bin der Weinstock ... Diese „Ich bin"-Worte haben einen ganz besonderen Hintergrund darin, wie sich Gott seinem Volk offenbart hat.

Das ist deine Aufgabe für heute: Lies den Abschnitt, in dem die Berufung des Mose berichtet wird (2. Mose 3,1-17). Mitten darin findet sich die Frage von Mose, welchen Namen Gott trägt. Und Gott antwortet. „Ich bin, der ich bin!" – oder, wie man auch übersetzen kann: „Ich werde sein, der ich sein werde!" Das ist eigentlich kein Name. Wer ist dieser „Ich bin" – „Ich werde sein"? Und wie ist er, wie wird er sein?

Dieser „Name" Gottes bleibt ein Geheimnis im Alten Testament. Die vier Buchstaben JHWH, von manchen als Jahwe geschrieben, lassen offen, wie Gott ist. „Ich bin" – ist ja nur ein angefangener Satz. Es ist wie ein ewiger Doppelpunkt. *„Ich bin: ..." Jesus führt diesen Satz weiter. Er sagt: "Ich bin ... der Weg. Ich bin ... die Wahrheit. Ich bin ... der Anfang und das Ende."* Das ist die Antwort auf die offene Frage des Alten Testaments.

Wie ist Gott? So ist Gott. So wie Jesus! Jesus ist das Fenster zu Gott. Jesus ist der Repräsentant von Gott. Jesus ist die Antwort auf die offenen Fragen der Menschheitsgeschichte. Und die Antwort auf die offenen Fragen in unserem Leben.

ZUM WEITERDENKEN:

„Philippus spricht zu ihm: Herr, zeige uns den Vater und es genügt uns. Jesus spricht zu ihm: So lange bin ich bei euch und du kennst mich nicht, Philippus? Wer mich sieht, der sieht den Vater!" (Johannes 14,8-9)

ABENTEUER 6: MIT JESUS DIE ZUKUNFT BAUEN

Tag 36: Das feste Fundament

Herzlich willkommen in der vorletzten Woche des Jesus-First-Abenteuers! Nach so viel biblischem Tiefschürfen (obwohl, so viel war es nun auch wieder nicht, oder?) ist es wieder an der Zeit, etwas aktiver zu werden.

Heute hast du zum Einstieg eine kleine Aufgabe: Was sagen Leute um dich herum über die Zukunft? Haben sie eher positive oder eher negative Erwartungen? Mach mal eine kleine Umfrage: Was hoffst oder befürchtest du, wenn du an die Zukunft denkst?

Oder schalte mal kurz den Fernseher an und sieh dir jeweils fünf Minuten von einer Nachrichtensendung und von einer Talkshow oder Soap an. Notiere dir alle Aussagen, die Hoffnungen oder Befürchtungen für die Zukunft beinhalten. Solltest du zu den glücklichen Menschen gehören, die keinen Fernseher haben, schau in eine Zeitung oder Zeitschrift.

Hier ist Platz zum Notieren:

1. Hoffnungen

2. Befürchtungen

Und jetzt kommt der Clou: Gott beruft dich dazu, die Zukunft dieser Welt mitzugestalten. Du bist ein Zukunftsbauer für Jesus. Das ist deine Berufung und Bestimmung.

Was du tust, hat einen direkten Einfluss auf andere Menschen und damit auf die Zukunft. Die Zukunft ist nicht festgelegt wie ein eisernes, unveränderliches Schicksal. Sondern du und ich, wir arbeiten mit an der Gestalt der Zukunft. Was du tust, ist getan. Es wird Teil der Vergangenheit, Teil deiner Geschichte, und wenn du es zusammen mit Gott tust, auch Teil der Geschichte Gottes in dieser Welt. Was du nicht tust, bleibt ungetan.

Was wäre geschehen, wenn Jesus gesagt hätte: Ich gehe nicht an das Kreuz? Was wäre geschehen, wenn Paulus sich nicht hätte nach Europa rufen lassen? Was wäre geschehen, wenn Martin Luther aus Angst seine Thesen wieder eingepackt hätte? Was wäre geschehen, wenn Mutter Teresa irgendwann keine Lust mehr zu ihrem anstrengenden Leben gehabt hätte und einfach aufgehört hätte?

Die Geschichte wäre anders verlaufen. Wahrscheinlich ärmer und düsterer. Aber sie alle haben sich dafür entschieden, den Willen Gottes herauszufinden und zu tun.

Aktiv für Jesus leben. Aktiv mit Jesus die Zukunft bauen. Darum geht es in dieser Woche. Wenn du das willst, dann fang an. Denn: Es gibt nichts Gutes, außer man tut es.

Aber jetzt noch eine wichtige Sache. Bevor du die Ärmel hochkrempelst und anfängst, die Zukunft zu bauen, muss dir eine Sache glasklar sein: Gnade. Was ist für dich Gnade?

- Wenn du drei Tafeln Schokolade isst und doch nicht zunimmst ...
- Wenn du 40 km/h zu schnell gefahren bist und das Blitzgerät kaputt war ...
- Wenn du trotz Faulheit eine gute Note bekommst ...

- Wenn dein Auto noch einmal über den TÜV kommt ...
- Wenn ...

Gnade ist die Grundlage unseres ganzen Lebens als Christen. Gnade heißt: Jesus hat das Entscheidende schon getan. Als er am Kreuz im Sterben ausrief: „Es ist vollbracht!", da war das auch so. Alles, was wir jetzt tun, geschieht nicht, um sich gute Punkte bei Gott zu sammeln. Sondern es geschieht als Antwort auf die Gnade von Gott.

Gott hat uns so viel geschenkt, dass wir jetzt nicht anders können, als es anderen weiterzugeben. Das ist das Fundament für unsere Arbeit für Jesus. Und sonst nichts.

Du arbeitest nicht,

- um in den Himmel zu kommen
- um Anerkennung von Menschen zu kriegen
- um deinen Heiligenschein zu pflegen
- um ein Superchrist zu sein
- um Gottes Sache in dieser Welt irgendwie doch noch zu retten.

Sondern du hast das feste Fundament gefunden, von wo aus du die Zukunft bauen kannst. Dieses Fundament heißt „Gnade". „Jesus zuerst" – das ist das Angebot der Gnade. Jesus schenkt sich dir zuerst, bevor du irgendetwas tun kannst. Aber er hilft dir jetzt, etwas zu tun, was diese Welt wirklich verändert. Kapiert?

ZUM WEITERDENKEN:

„Aus Gnade seid ihr errettet durch den Glauben, und das nicht aus euch, Gottes Werk ist es; nicht aus Werken, damit niemand sich rühme. Denn wir sind sein Werk, in Jesus Christus geschaffen zu guten Werken, die Gott vorher bereitet hat, damit wir in ihnen wandeln sollen." (Epheser 2,9–10)

Tag 37: Anpacken, wo es nötig ist

Bei Jesus geht es nicht um ein paar fromme Gedanken und heilige Theorien. Sondern es geht um das Leben. Es geht darum, mit ihm zusammen die Zukunft zu bauen und zu gestalten. Jesus sucht Leute, die mit ihm unterwegs sind und diese Welt verändern. Manche Leute sind total sensibel für das, was man alles tun könnte. Andere sind ziemlich blind und unempfindsam für die Nöte um sie herum. Als Jesus mit seinen Jüngern unterwegs war, war das ein Teil seines Trainingsprogramms für sie. Er wollte sie lehren, genau hinzuschauen: *„Als er die vielen Menschen sah, die ihm nachliefen, hatte er großes Mitleid mit ihnen. Sie waren hilflos und verängstigt, ohne Ziel und ohne Hoffnung. Sie waren wie Schafe ohne ihren Hirten. ‚Die Ernte ist groß, aber es gibt nur wenige Arbeiter', sagte Jesus zu seinen Jüngern." (Matthäus 9,36-37)*

Wenn du dir deine Umgebung genauer anschaust, welche Nöte und Bedürfnisse entdeckst du dort? Nimm dir einen Augenblick Zeit, darüber nachzudenken. Füll zunächst nur die erste Spalte aus.

Personengruppe	Bedürfnis/Problem/Not	Lösung
Kinder in deiner Nachbarschaft		
Mitschüler/Arbeitskollegen/ Kommilitonen		
Ältere Leute		
Ausländische Mitbürger		
Dein Jugendkreis		
Deine Gemeinde		
Deine Freunde		

Du kannst dich im Leben immer zwischen zwei Möglichkeiten entscheiden: a) Du bist ein Teil des Problems oder: b) Du bist ein Teil der Lösung. Was willst du lieber? Man kann es auch anders ausdrücken: Du kannst dich dafür entscheiden, ob du ein Mensch bist, über den andere (insgeheim oder laut) seufzen, oder ob du ein Mensch bist, über den andere sich freuen und durch den sie Gott danken.

Jesus beruft dich dazu, deine Umwelt zu verändern und die Gegenwart – und damit die Zukunft – aktiv und positiv mitzugestalten. Das ist unser Auftrag: *„Alle, die sich zu Jesus Christus bekennen, müssen lernen, überall da zu helfen, wo es nötig ist. Denn sonst vertun sie ihr Leben und ihr Glaube ist nichts wert." (Titus 3,14)*

Helfen, wo es nötig ist. Was heißt das für dich hier und heute praktisch? Nimm dir noch einmal die Liste vor und denke – kreativ und unter Gebet – darüber nach, wie du in zumindest zwei oder drei dieser Bereiche Teil der Lösung sein kannst. Okay? Wenn du das getan hast, dann bleibt dir nur noch eins: anzufangen. Und damit du den nötigen Schub kriegst, ein Gebet:

Herr, ich will mit offenen Augen durch die Welt gehen. Ich will lernen, zu sehen, wie du siehst. Und ich will anfangen zu handeln in deinem Namen. Vergib mir, Jesus, wo ich Teil des Problems war. Und hilf mir bitte, ein Teil deiner Lösung zu sein. Damit Menschen um mich herum Hoffnung schöpfen und deiner Liebe begegnen - durch mich und durch alle deine Freunde. Amen.

ZUM WEITERDENKEN:
„Wer dem Geringen Gewalt tut, lästert dessen Schöpfer; aber wer sich des Armen erbarmt, der ehrt Gott." (Sprüche 14,31)

Tag 38: In die Tiefe wachsen

Mit Jesus zu leben bedeutet nicht Tagträumerei. Jesus hat gesagt: Handelt, bis ich wiederkomme. Jesus nachfolgen schließt immer Aktion und Aktivität ein. Aktion in seinem Namen, Aktivität zur Hilfe für andere.

Das haben wir gestern gesehen. Und ich hoffe, dass es bei dir nicht bei einem guten Vorsatz bleibt, sondern dass du wirklich aktiv wirst. Dass du anfängst und etwas anpackst im Namen von Jesus. So wirst du ein Mitarbeiter von ihm und baust mit an der Zukunft, die Gott gestalten will.

Aber es geht nicht nur darum, was du tust. Genauso wichtig, vielleicht noch wichtiger, ist, was du bist. Genauer gesagt: Wer du bist. Damit wollen wir uns heute beschäftigen.
Zum Einstieg: Schlag bitte deine Bibel auf und lies den ersten Psalm. Am besten gleich zweimal und laut.

Okay? Das Bild, das hier gebraucht wird, ist nicht das von einem Baum in Mitteleuropa, wo es ständig regnet. Sondern es ist ein Baum, der in einer Wüstenregion steht und nur in der Nähe eines Wasserlaufes überleben kann.

„Der ist wie ein Baum, gepflanzt an den Wasserbächen, der seine Frucht bringt zu seiner Zeit, und seine Blätter verwelken nicht. Und was er macht, das gerät wohl." (Psalm 1,3)

Wenn du langfristig mit Jesus zusammenarbeiten und in seinem Auftrag mit an der Zukunft bauen willst, muss dein Lebensfundament stark sein. Im Bild gesprochen: Die Wurzeln deines Lebens müssen tief reichen.

Oft denken wir nur über die „Frucht" unseres Lebens nach. Wir wollen, dass schnell „etwas dabei herauskommt" – also, dass wir Frucht bringen. Aber nur ein gesunder, starker Baum kann langfristig und zuverlässig gute Frucht bringen.

Es geht bei der Nachfolge von Jesus nicht darum, kurzfristig große Erfolge zu erzielen, die von den Leuten bewundert werden. Sondern es geht um unseren Charakter. Es geht nicht um das, was du tust, sondern darum, wer du bist.

Wie kannst du zu einer geistlich reifen und festen Persönlichkeit werden? Wie kannst du das lebendige Wasser und die guten Nährstoffe aus dem Boden herausholen?

Hier sind geistliche Disziplinen gefragt, die dein Leben prägen.

Noch einmal das Bild vom Baum – von unten nach oben:

Der Boden:	Gottes Gnade – seine Liebe – sein Wort – ...
Das Wasser:	Der Heilige Geist – Kraft – Inspiration – ...
Die Wurzeln:	Geistliche Disziplinen – Gebet – Bibellesen – Anbetung – ...
Der Stamm:	Dein Charakter – Reife, die durch Stürme und Probleme wächst – ...
Die Äste:	Dienste, die du übernimmst – Begabungen, die zum Einsatz kommen – ...
Die Blätter:	Begabungen – Geistesgaben – Kreativität – Phantasie – ...
Die Frucht:	Hilfe für andere Menschen – Andere, die durch dich gesegnet werden – Taten, die Gott Ehre bringen – Weitergabe der Liebe Gottes – ...

Wer die Frucht will, muss auf die Wurzeln achten.

Jetzt deine Aufgabe: Denke über dein Leben anhand dieses Bildes vom Baum nach.

1. Sind deine Wurzeln stark? Welche Wurzeln hast du entwickelt, welche sind verkümmert?
2. Kommst du an die Nährstoffe ran? An das Wasser?
3. Welche Stürme hast du schon überstanden? Bist du stärker und reifer geworden?
4. Welche Dienste entwickeln sich bei dir? Wo bringst du deine Begabungen gern und konsequent zum Einsatz?
5. Welche Gaben hat Gott dir gegeben? Willst du damit glänzen oder spenden sie anderen Schatten?
6. Welche Frucht kommt aus deinem Leben? Werden Menschen durch dich „ernährt"? Nimmst du andere mit hinein und „vervielfältigst" dich wie die Frucht?

Schreib deine Antworten auf. Das wird dir helfen, in die Tiefe zu wachsen und viel Frucht zu bringen.

ZUM WEITERDENKEN:

„Jesus sagt: Ich bin der Weinstock, ihr seid die Reben. Wer in mir bleibt und ich in ihm, der bringt viel Frucht; denn ohne mich könnt ihr nichts tun." (Johannes 15,5)

Tag 39: Langstreckenlauf für Jesus

Wahrscheinlich hast du gestern etwas länger dafür gebraucht, auf die Fragen zu antworten. Wenn du es zeitlich nicht geschafft hast, bitte ich dich, dir in den nächsten Tagen einen Zeitraum einzuplanen, zu dem du dies nachholst. Gerade dieses Thema ist sehr wichtig für dich.

Eine ältere Christin sagte mir einmal: „Du läufst dein Leben wie einen Sprint. Dieses Tempo hältst du aber nicht durch. Du musst dich auf einen Langstreckenlauf einstellen. Lebe so, dass du auch morgen und übermorgen noch genug Puste und Power hast!" Ich habe schon zu viele junge Christen erlebt, die einen „Senkrechtstart" gemacht haben. Sie waren eine Zeit lang voll dabei und lebten auf der geistlichen Überholspur. Aber irgendwann sind sie dann abgestürzt. Oder der Sprit ist ihnen einfach ausgegangen. Und auf einmal waren sie weg vom Fenster.

Es ist meine starke Hoffnung, dass dir das nicht passiert. Gefährdet sind wir alle. Wir stehen alle in einem geistlichen Kampf, der manchmal ziemlich heftig ist. Die Bibel sagt ganz realistisch, dass im Hintergrund die zerstörerische Macht des Teufels uns auflauert und uns kaputt machen will (z.B. 1. Petrus 5,8; Epheser 6,11-13). Deshalb ist es wichtig, dass wir die Kraftquellen entdecken und anzapfen, die Gott für uns vorbereitet hat. Lies dazu bitte Hebräer 12,1-4!

A *Hier ein paar Fragen zur Selbsteinschätzung:*

1. Welche Versuchungen/Anfechtungen gab es schon in meinem Leben?

2. Was hat mir geholfen, sie zu überwinden bzw. trotzdem weiterzumachen?

___

3. Was ist die größte Gefährdung für meinen Weg mit Jesus?

___

Vielleicht fällt es dir schwer, auf diese Fragen ehrlich zu antworten. Es ist gut, sich selbst gut zu kennen und seine Stärken und Schwächen gleichermaßen in den Blick zu bekommen.

Wenn du über deinen Langstreckenlauf mit Jesus nachdenkst, fallen dir sicher ein paar Hilfen ein:

1. Gute Startbedingungen – ein klarer Anfang mit Jesus
2. Eine gute Ausrüstung – gute Bibelkenntnis
3. Keine unnötigen Lasten – eine bereinigte Vergangenheit, geklärte Beziehungen
4. Regelmäßiges Training – geistliche Übungen, Gebet, Mitarbeit
5. ___

Eine der Hilfen, die Jesus uns anbietet, ist das Team. Keiner von uns muss allein als Christ leben. Jesus hat seine Jünger zu zweit ausgesandt (Lukas 10,1). Auch Paulus und die anderen Apostel arbeiteten fast immer im Team. Deshalb: Such dir einen, zwei oder drei Leute, mit denen du ein geistliches Team bildest, ein Team, bei dem Jesus in der Mitte ist. Dabei gibt es ein paar Regeln:

1. Gemeinsam beten – Jesus ist das Zentrum
2. Gemeinsam arbeiten – es soll kein „Wohlfühlclub" sein
3. Gemeinsam feiern – Freude und Spaß gehören dazu
4. Einander ermutigen und ermahnen – damit keiner auf der Strecke bleibt

5. Zueinander stehen und sich gegenseitig helfen – so wird der Glaube praktisch
6. Offen sein für andere, die dazukommen – ein Jesus-Team ist immer offen

Gibt es in deiner Umgebung Leute, mit denen du ein Team bilden kannst – ein Gebetsteam, ein Dienstteam? Hat Gott dir einen oder mehrere Freunde geschenkt, mit denen du eine verbindliche Gemeinschaft mit Jesus in der Mitte bilden kannst? Schreibe die Namen von deinem „Jesus-Team" auf:

1. ______________________________
2. ______________________________
3. ______________________________
4. ______________________________

Und dann sprich mit ihnen – und fangt an, einander zu helfen auf dem Langstreckenlauf mit Jesus!

ZUM WEITERDENKEN:

„Achtet aufeinander! Ermutigt euch zu gegenseitiger Liebe und spornt einander an, Gutes zu tun. Versäumt nicht die Zusammenkünfte eurer Gemeinde, wie es sich einige angewöhnt haben. Ermahnt euch gegenseitig dabeizubleiben." (Hebräer 10,24-25)

Tag 40: Prinzip Offenheit

Nur als Team können wir die Zukunft gewinnen. Keiner von uns muss allein kämpfen. Jesus stellt uns in eine Gemeinschaft hinein. Wo wir in Gemeinschaft leben, da sagt er uns seine Gegenwart zu:

„Wo zwei oder drei in meinem Namen versammelt sind, da bin ich mitten unter ihnen." (Matthäus 18,20)

Du bist von Jesus berufen, in einem Team zu leben. In der großen Gemeinschaft mit allen Christen, egal in welcher Kirche oder Gemeinde sie sich befinden, und in einer konkreten, verbindlichen kleinen Gemeinschaft von Leuten, die mit dir auf dem Weg mit Jesus sind. Eben mit deinem persönlichen Jesus-Team.

In manchen Situationen ist es schwer, solch eine Gemeinschaft zu leben. Das kann an verschiedenen Sachen liegen: An den anderen, die „eben nicht wollen" (aber das ist eine zu einfache Entschuldigung), oder daran, dass es in deiner Umgebung keine anderen Christen gibt (dann fang an zu beten, dass Leute in deiner Umgebung Christen werden), oder auch – möglicherweise – an dir selbst.

Leben in Gemeinschaft bedeutet immer Arbeit – vor allem Arbeit an sich selbst. Es heißt, dass wir offen werden für andere. Offen für ihre Meinung. Offen für ihre Kritik. Und auch überhaupt offen dafür, dass sie uns ins Leben hineinschauen und hineinsprechen.

Und das ist nicht immer leicht. Besonders, wenn wir sehr unterschiedliche Vorstellungen vom Leben haben und auch charakterlich sehr verschieden sind. Und doch hilft uns gerade diese Offenheit dazu, auf dem Weg mit Jesus zu bleiben.

„Wenn wir im Licht leben, wie er im Licht ist, dann haben wir Gemeinschaft untereinander, und das Blut Jesu Christi, seines Sohnes, macht uns rein von aller Sünde. Wenn wir sagen, wir haben keine Sünde, so belügen wir uns selbst und die Wahrheit ist nicht in uns. Wenn wir aber unsere Sünden bekennen, so ist er treu und gerecht, dass er uns die Sünden vergibt und uns reinigt von aller Ungerechtigkeit." (1. Johannes 1,7-9)

Das ist das „Prinzip Offenheit" oder – biblisch ausgedrückt – „Leben im Licht". Geistliches Offensein bedeutet, den anderen nicht nur die starken Seiten meines Lebens zu zeigen, sondern auch die Schwächen und das Versagen. Gerade dadurch werden wir davor bewahrt, Masken zu tragen und deshalb innerlich zu vereinsamen. Echte Offenheit ermöglicht wirkliche geistliche Gemeinschaft. So wachsen wir und werden reifer.

A Hier eine kleine Denkhilfe:

Prinzip Offenheit	Das ist schwierig, weil …	Das ist hilfreich, denn …
Ich erzähle meinen Freunden meine Lebensgeschichte, ohne zu beschönigen oder Versagen auszulassen.		
Ich bin bereit, mir bei Entscheidungen von den anderen in meinem „Jesus-Team" reinreden zu lassen.		

Ich frage die anderen vorher, was sie von einer Idee halten, z.B. einer größeren Geldausgabe.		
Ich frage die anderen um ihre Meinung und ihren Rat, bevor ich eine Beziehung eingehe.		
Ich bekenne vor den anderen, wenn ich in irgendeinem Bereich meines Lebens echt Mist gebaut habe.		
Ich lasse die anderen von meinen Versuchungen, Anfechtungen und Schwächen wissen.		
Ich bitte die anderen um Gebet, wenn ich Probleme habe.		

Offen zu werden bedeutet immer ein Wagnis. Aber wenn du dich mit anderen verabredest, dass ihr euch gegenseitig auf diesem Weg helfen wollt, dann kann das für euch zu einer geistlichen Kraftquelle werden, die immer weiter fließt.

ZUM WEITERDENKEN:

„Bekennt einander eure Sünden und betet füreinander, dass ihr gesund werdet." (Jakobus 6,16)

ABENTEUER **6**: MIT JESUS DIE ZUKUNFT BAUEN

Tag 41: Das Leben ordnen

Es geht immer noch um die Zukunft. Und wahrscheinlich merkst du, dass es wirklich ein echtes Abenteuer ist, langfristig und verbindlich als ein Jünger von Jesus zu leben. Es ist mehr, als nur auf christlichen Festivals fröhlich herumzuhüpfen. Es geht an den Kern deines Lebens. Es geht um deine Ziele und deine Maßstäbe. Eine Frage zum Einstieg:

Welches Ziel ist groß genug, damit sich der Einsatz deines ganzen Lebens lohnt?

1. Geld?	2. Karriere?	3. Beziehungen?	4. Sicherheit?
5. Spaß?	6. Anerkennung?	7. Jesus?	8. ?
9. Gemeinde?	10. Arbeit?	11. Kunst?	12. Gutes Aussehen?

Und jetzt kommt die Aufgabe. Schreibe dein oberstes Ziel in das erste Feld und fülle dann die anderen aus:

Mein oberstes Ziel ist	
Deshalb will ich unbedingt	
Und das will ich auf keinen Fall	
Für die Erreichung meines Ziels bin ich bereit, folgende Opfer zu bringen	
Mein zweithöchstes Ziel ist	
Mein dritthöchstes Ziel ist	
Überhaupt nicht wichtig ist mir	

Mir ist total wichtig	
Darauf will ich auf keinen Fall verzichten	
Meine Ziele bestimmen meine Lebensgestaltung in folgenden Bereichen	

Was wir an Lebenszielen haben, bestimmt unsere Lebensgestaltung. Was uns wirklich wichtig ist, das werden wir auch anstreben und in die Tat umsetzen. Hier setzt die wirkliche Revolution unseres Lebens ein. Es ist leicht, auch unter einem christlichen Anstrich – fromm verschönert – dennoch letztlich für sich selbst zu leben – für seine Karriere, seine Anerkennung, seine eigenen Lebensträume. Hier wird das Motto „Jesus zuerst" total praktisch.

Paulus formuliert es so: *„Christus ist deshalb für alle gestorben, damit alle, die durch seinen Tod das Leben geschenkt bekamen, nicht länger für sich selbst leben. Ihr Leben soll jetzt Christus gehören, der für sie gestorben und auferstanden ist." (2. Korinther 5,15)*

Wenn Jesus an die erste Stelle kommt, dann hat das ganz konkrete Auswirkungen auf unser Leben. Dann bestimmt das auch unsere Maßstäbe und Werte. Dann wird unser praktischer Alltag verändert. Dann kann unser Leben in eine gute Ordnung kommen.

Hier könnten viele verschiedene Lebensbereiche besprochen werden: Umgang mit deiner Zeit, Umgang mit dem Besitz (deinem eigenen und dem von anderen), Umgang mit Geld, Umgang mit der Arbeit, Thema Faulheit und Fleiß, Thema Balance im Leben und vieles mehr. Ich nehme zwei konkrete Beispiele heraus:

1. Umgang mit der Arbeit: Wie arbeitet ein Christ, bei dem Jesus an der ersten Stelle steht?

____

____

Ein paar Bibelstellen zum Thema Arbeit: Epheser 4,28; Kolosser 3,22–4,1; 2. Thessalonicher 3,6-13

2. Umgang mit dem Geld: Wie verwaltet ein Jesus-Jünger sein Geld?

____

____

Ein paar Bibelstellen zum Thema Umgang mit Geld: Epheser 4,25; 2. Korinther 8,9 und 9,5–13; 1. Timotheus 6,6-11 und 17-19; Hebräer 13,5-6

Ein paar Fragen zur Selbstprüfung zum Thema „geordnetes Leben":

1. Bin ich zuverlässig in meiner Arbeit?
2. Können sich andere darauf verlassen, dass ich das tue, was ich versprochen habe?
3. Verbrauche ich mehr Geld, als ich habe, oder lebe ich so, dass noch etwas übrig bleibt für a) die Arbeit der Gemeinde/Mission b) die Unterstützung von Armen weltweit c) für die Vorsorge für die Zukunft?
4. Bin ich überhaupt offen für das Thema „Leben ordnen" oder ist mir das Wort „Ordnung" ein Gräuel?
5. Gehe ich verantwortlich mit meiner Zeit um – oder verschwende ich auf der einen Seite Zeit und beschwere mich andererseits darüber, keine Zeit zu haben?
6. Sind Arbeit und Ruhe bei mir in einer guten Balance?

ZUM WEITERDENKEN:
„Seid nicht träge in dem, was ihr tun sollt. Seid brennend im Geist. Dient dem Herrn." (Römer 12,11)

Tag 42: Vision entwickeln

Herzlichen Glückwunsch! Du hast bis jetzt durchgehalten. Und ich bin überzeugt, dass sich in den letzten sechs Wochen dein Denken – und dein Leben – schon entscheidend verändert haben.
Natürlich nicht, wenn du dieses Buch nur oberflächlich gelesen hast. Aber wenn du dich wirklich auf das Abenteuer eingelassen hast, dann wird das nicht ohne Auswirkungen geblieben sein. Denn wenn wir Jesus ernst nehmen, dann geschieht etwas.

Zuerst ein Rückblick:
Was war für dich bei diesem Jesus-First Abenteuer am eindrücklichsten?

1. 2.

3. 4.

Was ist dir schwer gefallen?

1. 2.

3. 4.

Was hat dich am meisten verändert?

1. 2.

3. 4.

Heute sind wir beim letzten Tag unter dem Thema „Mit Jesus die Zukunft bauen" angelangt. Es wird höchste Zeit, dass wir miteinander darüber nachdenken, wie denn diese Zukunft überhaupt aussehen kann und aussehen wird. Manche Christen sehen die Zukunft nur negativ. Andere erwarten eine großartige Zukunft. Je nachdem, wie wir uns die Zukunft ausmalen, werden wir auch hier und heute denken, fühlen und handeln. Wie und was ist deine Erwartung an die Zukunft?

Sicht von der Zukunft	Positives	Negatives
Was erwartest du für dich persönlich?		
Was erwartest du für deine Jugendgruppe/ dein persönliches Jesus-Team?		
Was erwartest du für deine Gemeinde?		
Was erwartest du für deinen Wohnort/ dein Heimatland?		
Was erwartest du für diese Welt?		

Die Bibel stellt uns an vielen Stellen Visionen vor – Bilder dafür, wie Gott sich die Welt wünscht und was er eines Tages auch schaffen wird.

Bitte nimm dir Zeit, lies diese Zukunftsvisionen aus der Bibel und schreib auf, was dich besonders begeistert und anspricht: Jesaja 40,1-11; Jesaja 49,26; Offenbarung 21,1-22,5.

1. Ich finde gut ______________________________

2. Ich freue mich auf ___________________________

3. Mich motiviert die Aussicht, dass ___________________________
4. Ich will mich dafür einsetzen, dass _________________________
5. Ich kann es kaum erwarten, dass ____________________________
6. Ich will mit dafür beten, dass _______________________________

Gottes große Vision von der Erneuerung der Welt kann dich und mich heute schon motivieren, kleine Schritte in die richtige Richtung zu tun. Es stimmt, wir können Gottes neue Welt nicht bauen oder herbeiführen. Aber wir können heute schon im Licht der großen Zukunft Gottes anders leben als unsere Umgebung. Gottes große Vision ist wie ein riesiges Schatzhaus, aus dem einzelne Geldscheine, Münzen und Schmuckstücke verteilt werden können. Gottes Vision kann dich anstecken und dir konkrete Visionen für dein Leben heute geben.

Welche Vision entwickelst du gemeinsam mit Jesus für ...

... das nächste Jahr? ____
... die nächsten drei Jahre? ___________________________________
... die nächsten zehn Jahre? __________________________________

... und zwar in diesen Bereichen:
1. dein eigenes Leben
2. deine Jugendgruppe/Gemeinde
3. deine Familie und Freunde
4. dein Arbeitsplatz/deine Schule/deine Ausbildungsstätte?

Wenn du eine Vision hast, dann teile sie mit anderen und fang an, sie umzusetzen!

ZUM WEITERDENKEN:
„Sorgt euch um nichts, sondern in allen Dingen lasst eure Bitten in Gebet und Flehen mit Danksagung vor Gott kundwerden!"
(Philipper 4,6)

ABENTEUER 7: ÖFFENTLICH MIT JESUS LEBEN

Tag 43: Salz und Licht

Sieben mal sieben – sieben Wochen mit sieben Tagen. Wir sind in der siebten Woche angelangt. Alles, was wir gelernt und erfahren haben, ist wie ein Fundament für das, was jetzt kommt. Ich möchte diese siebte Woche mit einem Gebet anfangen und lade dich ein, weiterzubeten ...

Herr Jesus, du bist wirklich die Nummer Eins.
Dir ist gegeben alle Gewalt im Himmel und auf Erden.
Du bist vom Vater eingesetzt als Herr aller Herren und König aller Könige.
Du bist der Friedefürst.
Du bist mein Freund.
Du bist der Heiland der Welt.
Ich bete dich an, weil du am Kreuz für mich und für alle gestorben bist.
Ich danke dir, dass ich dich finden konnte.
Und ich möchte dir neu ausdrücken, dass mein ganzes Leben dir zur Verfügung stehen soll.
Sprich zu mir. Führe mich. Setze mich an den Platz, den du für mich vorbereitet hast.
Und hilf mir, deinen Willen zu tun. Nicht nur in den großen Dingen, sondern im Alltag, in den Einzelheiten meines Lebens:

____

____

____

____

____

Amen.

Öffentlich mit Jesus leben – das ist das Motto dieser Woche.
Denn alles, was wir mit Jesus erleben, ist nicht unser Privatbesitz, sondern ist anvertrautes Gut, das wir an die Menschen um uns herum weitergeben sollen.

Wer in deiner Umgebung weiß eigentlich, dass du an Jesus glaubst? Und wenn sie das wissen, was wissen sie genau – dass du zu „irgendeinem frommen Club gehst" oder dass du irgendwie kirchlich oder sozial engagiert bist? Mit wem hast du schon einmal ausführlicher über Jesus gesprochen? Oder lebst du im Untergrund und hoffst, dass dich keiner entdeckt?

Hier ein Schnell-Test für dich selbst:

Dass ich Christ bin, weiß ...		Sie wissen, dass ich	Woher wissen sie es?
... in meiner Familie	1. 2. 3.		
... in meiner Schule/ Arbeit	1. 2. 3.		
... in meiner Nachbarschaft	1. 2. 3.		
... in meinem Freundeskreis	1. 2. 3.		
... im Sportclub/ Verein/ Fitnesscenter	1. 2. 3.		
Dass ich Christ bin, sieht man ja ...	... an meiner Kleidung	... am Fisch-Aufkleber	... an meinem ständigen Lächeln

Diesen Schnelltest könnten wir noch beliebig ausbauen. Aber du hast sicher begriffen, was ich meine.

Hier deine Aufgabe: Lies Matthäus 5,13-16. Jesus nennt seine Freunde hier „Salz der Erde" und „Licht der Welt".

Was ist die Funktion von Salz?	
Was ist die Aufgabe von Licht?	
Was muss das Salz tun, um Salz zu sein/zu bleiben?	
Wodurch wird das Licht zum Licht?	
Was heißt es für dich praktisch, dass du – gemeinsam mit anderen Christen – „Salz der Erde" bist, ganz konkret?	
Wie kannst du - zusammen mit anderen – „Licht" für deine Umgebung sein?	

Und jetzt: Besprich diese Fragen mit ein oder zwei Freunden – und denkt darüber nach, wie ihr ganz praktisch in den nächsten Tagen „Salz der Erde" und „Licht der Welt" sein könnt.

ZUM WEITERDENKEN:
„Ich bin das Licht der Welt. Wer mir nachfolgt, wird nicht in der Finsternis gehen, sondern wird das Licht des Lebens haben." (Johannes 8,12)

Tag 44: Jesus ins Gespräch bringen

Jetzt wird es ernst. Leben als Christ ist eine öffentliche Sache. Die ersten Christen versammelten sich täglich öffentlich in den Tempelhallen. In vielen Ländern ist durch Verfolgung von Christen versucht worden, sie in den Untergrund abzudrängen und mundtot zu machen. Bei uns in Deutschland scheint es so zu sein, dass wir das freiwillig tun. Viele Christen haben sich dem unausgesprochenen Diktat der Gesellschaft gebeugt: Religion und Glaube ist Privatsache. Darüber redet man nicht. Und erst recht nicht über Jesus Christus.

Einer der ersten Versuche, Christen mundtot zu machen, ist in der Apostelgeschichte berichtet. Bitte lies den Abschnitt Apostelgeschichte 4,13-31. Okay? Die politischen und religiösen Führer in Jerusalem hatten Petrus und Johannes verboten, öffentlich über Jesus zu reden.

Wie reagierten diese darauf?

____

Und wie reagierte die Gemeinde darauf?

____

Und was passierte dann?

____

Die ersten Christen ließen sich nicht einschüchtern. Das war einer der Gründe dafür, dass sich die Gemeinde von Jesus immer weiter ausbreitete. Sie waren eher bereit, ihr Leben zu geben, als sich den Mund verbieten zu lassen.

Auch heute gibt es in vielen Ländern keine Religionsfreiheit. Besonders in islamischen Ländern, aber auch in Nordkorea und China sowie in Indien kann es gefährlich sein, an Jesus zu glauben und anderen von ihm weiterzusagen. Nicht selten sogar lebensgefährlich. Doch das ist nicht unsere Situation. Hier bei uns liegen die Gründe für das Schweigen der Christen woanders.

Die folgende Liste ist eine Hilfe zum Nachdenken für dich. Bitte fülle die 2. und 3. Spalte mit „Trifft bei mir zu" oder „Trifft bei mir nicht zu" aus und gib eventuell noch konkretere Angaben.

Gründe für das Schweigen über Jesus	Bei anderen Christen	Bei mir
Ich kann nicht gut reden.		
Ich bin mir nicht sicher, ob die Bibel zuverlässig ist.		
Ich habe negative Erfahrungen gemacht.		
Mir ist egal, ob andere Leute etwas über Jesus erfahren.		
Ich bin kein guter Christ, deshalb traue ich mich nicht, ich könnte ja im Leben versagen.		
Mir fehlen die Argumente.		
Es interessiert ja doch keinen.		
Ich will nicht schief angeguckt werden.		

Hast du deine Blockaden ein bisschen besser ins Blickfeld bekommen? Und gibt es Möglichkeiten, daran etwas zu ändern?

Gott sei Dank gibt es gerade in letzter Zeit immer mehr Leute, die sich trauen, auch öffentlich als Christen erkennbar zu sein. Das macht Mut. Es geht ja nicht darum, andere Menschen ständig mit unserem Glauben zu nerven. Aber es geht um den Mut, in entscheidenden Augenblicken auch den Mund aufzumachen und von dem zu reden, der unser Leben im Innersten bestimmt, von Jesus. Jesus schämt sich nicht, uns seine Schwestern und Brüder zu nennen. Er ist öffentlich für uns gestorben. Wenn wir davon überzeugt sind, dass er wirklich die Schlüsselfigur der Weltgeschichte ist, dann werden wir auch nach Wegen suchen, das anderen weiterzusagen, kreativ und liebevoll.

Und jetzt deine Aufgabe für heute. Du hast es sicher schon geahnt, oder? Überlege dir, mit wem du heute noch auf ganz natürliche und kreative Weise in ein Gespräch über Jesus kommen kannst. Sprich mit einem Freund, einer Freundin, einem Bekannten. Oder mit dem Verkäufer im Geschäft oder wem auch immer. Oder ruf jemanden an. Lass dir irgendetwas einfallen. Du musst nicht die ganze Bibel von vorn bis hinten erzählen. Manchmal ist weniger sogar mehr. Aber drück dich nicht darum, konkret über Jesus selbst zu sprechen. Nicht nur über „deinen Glauben" oder „deine Gemeinde". Es geht um Jesus.

Du hast ein bisschen Angst? Ist ganz normal. Aber das vergeht auch wieder. Schick ein Stoßgebet zu Jesus. Und dann los!

ZUM WEITERDENKEN:

„Geh nach Hause zu deiner Familie und berichte, welch großes Wunder Gott an dir getan hat und wie barmherzig er zu dir gewesen ist." (Markus 5,19)

Tag 45: Einmischen aus Liebe

Und, hat es geklappt? Wenn ja: War doch gar nicht so schlimm! Wenn nein: Kopf hoch, beim nächsten Mal klappt es sicher!

Es geht ja nicht darum, eine religiöse Leistung zu erbringen oder ein frommes Soll zu erfüllen. Sondern es geht darum, dass unser Leben ganz wird. Dass Glaube und Leben nicht auseinander klaffen. Dass Herz und Mund, Kopf und Verstand zu einer Einheit werden. Es geht nicht um krampfhafte Versuche, andere zu bekehren, sondern darum, dass wir als Christen erkennbar werden. Ganz natürlich. Ganz entspannt.

Nach dem Motto: „Ich bin Christ, und das ist gut so! Und übrigens: Wenn es dich interessiert, was der Glaube an Jesus für dich bedeuten könnte und was du für Vorteile daraus ziehen könntest, dann sprich mich an. Ich sag es dir – ganz kostenlos und unverbindlich!"

Als Christen haben wir eine Botschaft, die sich nicht zu verstecken braucht. Gerade im Wirrwarr vieler Meinungen, Religionen und Ideologien sind viele Leute auf der Suche nach echtem Sinn. Nach einer Wahrheit, die bleibt und die das Leben ausfüllen kann. Nach einem Ziel, für das es sich wirklich zu leben lohnt. Und nach Beziehungen, die nicht in der Oberflächlichkeit stecken bleiben. Deshalb gibt es keinen Grund, warum wir über Jesus schweigen sollten. Aber sehr wichtig ist, wie wir über ihn und über unseren Glauben sprechen.

Hier ein paar mögliche Haltungen/Einstellungen – manche hilfreich, andere nicht:

besserwisserisch	moralisierend	einfühlsam	enthusiastisch	theologisch verpackt
phantasievoll	ausschließend	frömmelnd	Anteil nehmend	von oben herab
geheimnis-krämerisch	begeistert	echt	entschuldigend	verschämt

Wie trägst du deinen Glauben nach außen? Wenn du unsicher bist, wie du unverkrampft, einfühlsam, liebevoll und dennoch verständlich und klar über Gott reden kannst, dann geh noch einmal bei Jesus in die Schule. Schau dir die Gespräche an, die Jesus mit ganz unterschiedlichen Menschen geführt hat:

- Mit Nikodemus, dem hochangesehenen Theologen (Johannes 3).
- Mit der ausgegrenzten Frau am Brunnen (Johannes 4).
- Mit dem resignierten Kranken am Teich Betesda (Johannes 5).
- Mit dem zweifelnden Thomas (Johannes 20).

Jesus hat sich immer klar und eindeutig ausgedrückt. Aber nie hat er Menschen überfahren oder an die Wand gedrängt. Er ist ihnen voller Respekt, Liebe und Wahrhaftigkeit begegnet.

Ein Fehler, den wir als Christen vermeiden sollten, ist dieser: Dass wir aus Angst, jemanden zu überfahren, erst gar nichts sagen. Dieses Schweigen aus Angst sollte endlich der Vergangenheit angehören.

Heute hast du eine leichte Aufgabe – wenn du einen Fernseher hast. Nimm dir eine bis zwei Stunden Zeit zum Fernsehen (ich hoffe, du kannst dieses Opfer bringen). Schau dir irgendeine Talkshow oder Interviewsendung an.

Und dann greif zum Hörer, ruf den Sender an und reagiere auf ein Thema. Mach es liebevoll, aber deutlich, nach dem Motto: Ich habe Ihre Sendung gesehen. Ich bin Christ (Christin) und habe zu dem Thema ... folgende Meinung.

Das dürfte spannend werden. Du meinst, es gibt nichts im Programm, worauf du dich melden könntest? Na, dann schau mal zu!

Hier ein paar Fragen zum Schärfen deiner Urteilskraft:

1. Wurden an irgendeiner Stelle Menschen abgewertet, z.B. Ausländer, Frauen, Kinder, Behinderte, Christen, ein politisch Andersdenkender ...? Wenn ja: Protest! Gerade als Christ müssen wir die Menschenwürde hochhalten!
2. Wurde irgendwo eine herabsetzende Bemerkung über Religion oder Christentum gemacht? Anrufen und sagen, dass dich das als Christ verletzt ...
3. War irgendwo ein Reporter besonders fair und ehrlich? Anrufen und Lob aussprechen!
4. Hat irgendeiner in einer Sendung etwas Gutes und allgemein Hilfreiches gesagt, z.B. zum Schutz anderer Menschen? Anrufen und beipflichten!

Du siehst – es gibt viele Punkte, wo wir uns einmischen können. Und es geht nicht zuerst um Motzen oder Kritisieren. Sondern darum, als Christ einen Standpunkt zu vertreten und Jesus ins Gespräch zu bringen – seine Wahrheit, seine Ziele, Maßstäbe und Werte.

ZUM WEITERDENKEN:
„Wer mich bekennt vor den Menschen, den will ich auch bekennen vor meinem himmlischen Vater. Und wer mich verleugnet von den Menschen, den werde ich auch verleugnen vor meinem himmlischen Vater." (Matthäus 10,32-33)

Tag 46: Zeichen setzen

Öffentlich mit Jesus leben – das ist unser Thema in der letzten Woche. Und das ist auch unser Ziel für unser ganzes Leben. Es muss wieder normal werden, dass Christen in der Öffentlichkeit erkennbar und sichtbar sind. Es ist doch nicht normal, dass Arbeitskollegen viele Monate oder sogar Jahre Seite an Seite arbeiten, ohne dass der eine vom anderen weiß, dass dieser auch an Jesus glaubt.

Wie können wir diesen Kreislauf des Schweigens – und damit den Kreislauf der Vereinsamung – durchbrechen? Es ist Zeit, dass wir mitten im Alltag, da, wo wir leben und arbeiten, sichtbare Zeichen für unseren Glauben setzen. Wir leben in einem freien Land. Warum sollen wir uns nicht frei bewegen und als Christen Zeichen für Jesus setzen? Das können ganz kleine Gesten oder Zeichen sein, die aber eine große Auswirkung haben können.

A *Hier ein paar Ideen dazu:*

1. Wenn du oder ihr an einem öffentlichen Ort esst, einer Mensa, einem Restaurant, sei es nun Fast-Food oder gediegen, dann beginnt mit einem Gebet.
2. Lies ruhig einmal in einem Bus, einem Zug oder einem Straßencafé in deiner Bibel. Noch kommst du dafür nicht in den Knast, und vielleicht entwickelt sich ja ein Gespräch daraus oder dein Tischnachbar, der auch Christ ist, wird ermutigt.
3. Mach ruhig einen sinnvollen Aufkleber mit einer eindeutigen oder humorvollen Botschaft auf dein Fahrrad oder dein Auto. Und dann fahr entsprechend!

4. Wenn ihr im Hauskreis miteinander singt, dann macht die Fenster nicht extra zu, sondern lasst sie auf, damit auch die Nachbarn was davon haben (es sei denn, die Musik ist unerträglich ...).
5. Sei schlicht und ergreifend freundlich zu deiner Umgebung – im Treppenhaus, im Bus, auf der Straße, beim Einkaufen. Lächeln löst positive Gefühle aus – und es kann ein Ansatz zu einem späteren Gespräch sein.
6. Sei zuverlässig und gewissenhaft bei deinen Pflichten – park dein Fahrrad oder dein Auto nur da, wo es andere nicht behindert, stell die Mülltonnen an die Straße, wenn du an der Reihe bist usw. Untermauere dein Reden von Jesus mit einem Leben, das den anderen respektiert.
7. Rede nicht negativ über andere, auch nicht über andere Christen. Allein damit hebst du dich schon so sehr von dem ab, was bei uns inzwischen „normal" ist, dass die Leute ins Fragen kommen werden.
8. ____

Ein schlauer Mensch hat einmal gesagt: Du als Christ bist wahrscheinlich die einzige Bibel, die deine Nachbarn und Nächsten lesen werden. So ähnlich sagt es auch Paulus: *„Ihr seid unser Brief, in unser Herz geschrieben, erkannt und gelesen von allen Menschen. Es ist allen offenbar geworden, dass ihr ein Brief von Christus seid." (2. Korinther 3,2-3)*

Genau das ist unsere Aufgabe und unsere Chance: dass wir Zeichen setzen für Jesus.

Zuerst mit unserem Leben.

Dann mit unseren Taten.

Und nicht zuletzt mit unseren Worten.

Um das zu tun, brauchst du ein starkes Selbstbewusstsein. Nein, halt! Du brauchst etwas anderes: Du brauchst ein starkes Christus-Bewusstsein. Wenn du im Alltag bewusst mit Jesus lebst, mit ihm im Gespräch bist und auf seine Stimme hörst, dann wirst du mit erhobenem Haupt und mit positiver Erwartung durch den Tag gehen.

Und du wirst bereit sein, deinem Gegenüber im Auftrag und im Namen von Jesus zu begegnen.

Genau über diese neue Identität und das neue Bewusstsein schreibt Paulus ein paar Kapitel später: *„Gehört jemand zu Christus, dann ist er ein neuer Mensch. Was vorher war, ist vergangen, etwas Neues hat begonnen. All dies verdanken wir Gott, der durch Christus mit uns Frieden geschlossen hat. Er hat uns beauftragt, diese Botschaft überall zu verkündigen... Als Botschafter Christi fordern wir euch deshalb im Namen Gottes auf: Lasst euch mit Gott versöhnen!" (2. Korinther 5,17-18+20)*

Welche Zeichen willst du setzen, damit deine Umwelt durch dich Lust darauf kriegt, Jesus kennen zu lernen?

ZUM WEITERDENKEN:

„Lasst Christus den Mittelpunkt eures Lebens sein. Seid immer dazu bereit, denen Rede und Antwort zu stehen, die euch nach der Begründung eures Glaubens fragen." (1. Petrus 3,15)

Tag 47: In den Riss treten

Heute geht es noch einmal mitten in die Welt, in der du lebst. Ich lade dich ein, eine kleine Entdeckertour zu unternehmen. Das ist das Motto heute: Für deine Welt beten. Anders ausgedrückt: In den Riss treten.

Jesus hat seinen Jüngern diesen Auftrag zurückgelassen: *„Geht hin in alle Welt und macht zu Jüngern alle Völker!" (Matthäus 28,19)*

Es gibt also kein Volk, keine Gesellschaft, keinen Ort, keine Stelle, in die Jesus nicht hineinkommen möchte mit seiner Liebe. Er hat überall seine Leute. Seine Pläne sind nicht beschränkt auf einen kleinen Kreis. Er hat das Ziel, „alle Völker" hineinzuholen in den Kreis seiner Jünger und Freunde.

Dazu hat er seinen Nachfolgern eine Strategie in drei Stufen mitgegeben. Das ist nachzulesen am Anfang der Apostelgeschichte: *„Ihr werdet Kraft empfangen, wenn der Heilige Geist auf euch kommen wird, und werdet meine Zeugen sein in Jerusalem, in ganz Judäa und Samarien und bis an das Ende der Erde." (Apostelgeschichte 1,8)*

Die erste Phase ist Jerusalem – die unmittelbare Umgebung. Die zweite Phase hat schon eine größere Reichweite – Judäa und Samaria, das Land, wo sie lebten. Die dritte Phase überwindet alle Grenzen – die ganze Welt ist im Blick.

Es ist erstaunlich, dass es genauso gekommen ist, wie Jesus es vorausgesagt hat. Die Botschaft breitete sich zuerst in Jerusalem aus, zog dann weitere Kreise und hat inzwischen alle Teile der Welt erreicht. Bevor die Jünger in alle Welt gingen, sollten sie in Jerusalem bleiben und beten. Erst als zweiter Schritt kam die Aussendung in alle Welt.

Jetzt deine Aufgabe: Entdecke in deinem Leben diese drei Orte:

Jerusalem ❯ deine direkte Umgebung

Judäa/Samaria ❯ dein weiteres Umfeld, dein Land

Die Enden der Erde ❯ irgendein anderes Land

Wofür willst du beten? Frage Jesus, was er dir aufs Herz legt. Welche Anliegen er dir nennt, damit du dafür beten kannst.

Du bist als Christ Teil des „königlichen Priestertums" (1. Petrus 2,9). Könige herrschen und nehmen Einfluss. Priester bringen Opfer dar und beten.
Beides sollen wir tun: Einfluss nehmen und beten.
Jetzt geht es um das Beten.
Lies dazu 1. Timotheus 2,1-4, und dann setze in die Tat um, was du dort liest.

Also: Wofür willst du beten:

❯ in deinem „Jerusalem":

____

❯ in deinem "Judäa/Samaria":

____

❯ weltweit:

____

Als Mitarbeiter von Jesus haben wir eine große Verantwortung.
Wir können Einfluss nehmen in der Welt. Zuerst durch unser Gebet. Durch Fürbitte.

Gebet ist nichts Schwaches. Gebet ist die stärkste Waffe, die uns Gott gegeben hat. Eine Waffe, um damit Gutes zu tun.

Und dann kommt das zweite: Einfluss nehmen. Sich einsetzen. Die Welt im Namen von Jesus verändern.

Wo braucht deine Welt Veränderung? Was beherrscht die Gesellschaft um dich herum? Materialismus? Gleichgültigkeit? Hoffnungslosigkeit? Geldgier? Ungerechtigkeit? Konkurrenzkampf? Ausgrenzung? Oberflächlichkeit?

Worunter leiden die Menschen? Welche Konflikte gibt es zwischen den Generationen? Welche Probleme gibt es zwischen den verschiedenen Gruppen? Wo werden Menschen fertig gemacht oder gleichgültig übersehen?

Wir brauchen geschärfte Augen für die Welt um uns herum. Wir sind nicht von Jesus berufen, harmlose Ja-Sager zu sein. Als Christen sollen wir aufstehen und die Wahrheit Gottes hineintragen in diese Welt. Es fängt im Gebet an.

Deshalb – nimm dir jetzt konkret Zeit zum Beten. Für deine ganze Welt. Und bitte Jesus, dir zu zeigen, wofür du beten sollst.
Das wird sicher ein Abenteuer. Und wenn er dir etwas zeigt, dann schreib es auf.
Dein Gebet kann die Welt verändern.
Also: Mach mit. Beten ist das Aktivste, was wir tun können. Und gleichzeitig das Passivste.

ZUM WEITERDENKEN:
„Fürchte dich nicht, sondern rede und schweige nicht! Denn ich bin mit dir, und niemand soll sich unterstehen, dir zu schaden; denn ich habe ein großes Volk in dieser Stadt." (Apostelgeschichte 18,9-10)

Tag 48: Gesandt und geführt

Du näherst dich dem Ende unseres Sieben-Wochen-Abenteuers. Dein Ziel war es, Jesus besser kennen zu lernen und ihm in den verschiedenen Bereichen deines Lebens zu folgen.

Du hast es längst gemerkt: Christsein ist auch eine öffentliche Angelegenheit. Wenn Jesus wirklich die Nummer Eins in unserem Leben ist, dann hat das Auswirkungen im Alltag. Und dann kriegt auch unsere Umgebung etwas davon mit.

Deshalb ist dies das Thema dieser letzten Woche: Öffentlich mit Jesus leben. Dabei geht es nicht darum, dass du dir Druck machst, immer und überall missionarische Gespräche zu führen. Das würde nur zu Krampf führen und wahrscheinlich überhaupt nichts bringen. Sondern es geht darum, dass du ganz natürlich und unverkrampft deinen Alltag als Christ lebst und erkennbar bist. Als Christ hast du die Chance, in deinem Leben beides zusammenzubringen – das ganz normale irdische Leben – mit allen schönen und allen traurigen Seiten – und dein Leben mit Gott.

So wie Jesus wahrer Gott und wahrer Mensch zugleich war, so ist unser Leben als Christen von beidem geprägt: Von der Wirklichkeit Gottes und von der Wirklichkeit dieser Welt. Wir leben als Christen „in der Welt". Aber wir wollen uns nicht bestimmen oder prägen lassen „von der Welt", sondern von Jesus. Das kann eine Spannung sein und manchmal zu Konflikten führen. Aber es ist der Raum, in dem wir leben, der Raum, in den Gott uns gestellt hat.

Jesus hat diese Tatsache in seinem großen Gebet für seine Jünger so ausgedrückt. Es ist ein Gebet, dass er an seinen Vater im Himmel richtet:

„Ich habe ihnen dein Wort gegeben und die Welt hat sie gehasst; denn sie sind nicht von der Welt, wie auch ich nicht von der Welt bin. Ich bitte dich nicht, dass du sie aus der Welt nimmst, sondern dass du sie bewahrst vor dem Bösen. Sie sind nicht von der Welt, wie auch ich nicht von der Welt bin. Heilige sie in der Wahrheit; dein Wort ist die Wahrheit. Wie du mich gesandt hast in die Welt, so sende ich sie auch in die Welt." (Johannes 17,14-18)

Denke einen Augenblick über diese Aussagen von Jesus nach. Was bedeuten sie für dich persönlich – für dein Leben?

Hier ist nicht der Ort, um dieses tiefgründige und weitreichende Gebet im Einzelnen zu erklären. Mir geht es heute vor allem um dieses eine: Wir sind gesandt in die Welt – so wie Jesus vom Vater in die Welt gesandt war.

Denke einen Augenblick über „deine Welt" nach, in die du von Jesus gesandt bist. Wie sieht sie aus?

1. Wohnort – Umgebung
2. Familie – Verwandte
3. Freunde – Bekannte
4. Schule – Arbeitsplatz – Ausbildungsplatz
5. Orte, wo du deine Freizeit verbringst

- Was kennzeichnet diese Welt?
- Welche Erfahrungen hast du als Christ in diesen einzelnen Teilen deiner Welt gemacht?
- Was bedeutet es für dich, dort als einer zu leben, der von Jesus gesandt ist?

Und jetzt kommt der Clou: Jesus sendet uns in die Welt. Aber er lässt uns nicht allein. Er hat uns seinen Heiligen Geist gegeben, der bei uns ist und uns leitet und führt:

„Ich will den Vater bitten und er wird euch einen andern Tröster (Beistand) geben, dass er bei euch sei in Ewigkeit: den Geist der Wahrheit, den die Welt nicht empfangen kann, denn sie sieht ihn nicht und kennt ihn nicht ... Der Tröster, der Heilige Geist, den mein Vater senden wird in meinem Namen, der wird euch alles lehren und euch an alles erinnern, was ich euch gesagt habe." (Johannes 14,16-17+26)

Wir sind in der Welt – aber nicht allein. Jesus hat uns seinen Geist gegeben. Er ist unser „Tröster", unser Beistand und Fürsprecher. Er ist immer bei uns, mitten im Alltag. Jesus hat uns gesandt. Sein Heiliger Geist führt uns.

Deine zweite Aufgabe für heute:
Erinnere dich daran, in welchen Situationen du den Beistand des Heiligen Geistes schon besonders erlebt hast. Wo und wann hast du gemerkt: Ich bin nicht allein, sondern Gottes Geist ist bei mir, er leitet und führt mich, er gibt mir die richtigen Gedanken und macht mir neuen Mut?
Du bist nicht allein unterwegs. Du bist gesandt und geführt. Wo hast du das schon erfahren?

ZUM WEITERDENKEN:
„Welche der Geist Gottes leitet, die sind Gottes Kinder." (Römer 8,14)

Tag 49: Überrascht von Jesus

Ich gratuliere dir! Du hast durchgehalten. Sieben Wochen mit sieben Tagen, sieben mal sieben kleine oder große Abenteuer mit Jesus. Du hast sicher viel erfahren. Du hast manche Texte aus der Bibel ganz neu in den Blick bekommen. Und du hast bestimmt viel über dich selbst gelernt. Heute, zum Abschluss, wollen wir noch einmal den Blick auf Jesus selbst lenken.

Denk einen Augenblick darüber nach. Was ist dir – nach diesen sieben Wochen – ganz neu an Jesus wichtig geworden?

Und was willst du für dein eigenes Leben in die Tat umsetzen?

Wie willst du von nun an öffentlich als Christ erkennbar leben?

Heute geht es um das Thema: Überrascht von Jesus. Das ist die Erfahrung in meinem Leben. Seit vielen Jahren bin ich Christ. Und doch: Immer wieder komme ich an den Punkt, wo ich das Gefühl habe, dass ich noch einmal ganz neu anfangen muss. Dass ich Jesus noch gar nicht richtig kenne. Oder anders ausgedrückt: Ich entdecke wieder ganz neue Seiten an ihm.

Deshalb ist und bleibt für mich das Leben mit Jesus spannend. Er überrascht mich immer wieder. Das hat Johannes erfahren, einer der ersten Jünger von Jesus und sein engster Freund. Wenn überhaupt jemand, so konnte er behaupten, dass er Jesus wirklich gut kannte. Doch am Ende seines Lebens hatte er noch einmal eine Begegnung mit Jesus, die ihn völlig aus den Latschen kippen ließ. Er war als Gemeindeleiter in die Verbannung geschickt worden, auf die kleine Insel Patmos. Dort hatte er eine Vision von Jesus, die ihn völlig überraschte. Hier sein persönlicher Bericht:

"Ich wurde vom Geist ergriffen am Tag des Herrn und hörte hinter mir eine große Stimme wie von einer Posaune ... Und ich wandte mich um, zu sehen nach der Stimme, die mit mir redete. Und als ich mich umwandte, sah ich sieben goldene Leuchter und mitten unter den Leuchter einen, der war einem Menschensohn gleich, angetan mit einem langen Gewand und gegürtet um die Brust mit einem goldenen Gürtel. Sein Haupt aber und sein Haar war weiß wie weiße Wolle, wie der Schnee, und seine Augen wie eine Feuerflamme und seine Füße wie Golderz, das im Ofen glüht, und seine Stimme wie großes Wasserrauschen; und er hatte sieben Sterne in seiner rechten Hand, und aus seinem Munde ging ein scharfes, zweischneidiges Schwert, und sein Angesicht leuchtete, wie die Sonne scheint in ihrer Macht. Und als ich ihn sah, fiel ich zu seinen Füßen wie tot; und er legte seine rechte Hand auf mich und sprach zu mir: Fürchte dich nicht! Ich bin der Erste und der Letzte und der Lebendige. Ich war tot, und siehe, ich bin lebendig von Ewigkeit zu Ewigkeit und habe die Schlüssel des Todes und der Hölle." (Offenbarung 1,10-18)

Jesus war so anders, als er ihn kannte. Viel mächtiger, viel herrlicher, viel überwältigender, als er je gedacht hatte. Obwohl er sein bester Freund war, konnte Johannes nicht anders, als vor Jesus niederzufallen.

So wird uns das auch gehen an dem Tag, wenn wir Jesus von Angesicht zu Angesicht sehen werden. Alle unsere jetzigen

Vorstellungen sind wie Kinderträume gegenüber der Wirklichkeit, die wir dann erkennen werden (vgl. 1. Korinther 13,11-12). Dann werden wir wirklich überrascht sein von Jesus. Und dann werden wir uns darüber wundern, dass wir nicht konsequenter und eindeutiger mit Jesus gelebt haben. Wir werden uns fragen, warum wir ihn so selten vor den Menschen bekannt haben. Meine Hoffnung ist, dass wir dann – wie Johannes – erleben werden, dass Jesus seine Hand auf uns legen und zu uns sagen wird: *„Fürchte dich nicht! Ich bin der Erste und der Letzte ...!"* Aus dieser großartigen Zusage von Jesus stammt das Motto dieses Buches: "Jesus first". Jesus zuerst. Jesus ist der Anfang und das Ende, der Ursprung und das Ziel.

Schreib ein Gebet auf, das dein Staunen über Jesus ausdrückt. Sag ihm, wie du von nun an mit ihm und für ihn leben willst:

Jesus, du überraschst mich immer wieder. Ich staune über dich, ___

Und jetzt deine letzte Aufgabe in diesem Sieben-Wochen-Abenteuer: Sag einem Menschen weiter, was Jesus für dich bedeutet und wo er dich überrascht hat in diesen sieben Wochen. Du kannst das per Telefon tun, E-Mail, Brief oder im persönlichen Gespräch. Aber tu es. Und du wirst merken, dass das eine ganz positive Erfahrung ist. Wenn du weitergibst, was du bekommen hast, wird dein Leben reicher. Und noch eins – bleib offen dafür, dass Jesus dich immer wieder überrascht. Denn er ist kein toter Gott aus dem Museum, sondern der Erste und der Letzte und der Lebendige.

ZUM WEITERDENKEN:

„Amen, ja, komm, Herr Jesus!" (Offenbarung 22,20)

Nachwort

Das war's!
Sieben Wochen mit Jesus.

Ein Abenteuer, wenn du dich wirklich darauf eingelassen hast.

Und jetzt? Wieder „back to normal"? Hoffentlich nicht!

Dieser Kurs war ein Appetitmacher für dich. Er sollte dich auf den Geschmack bringen. Auf den Geschmack, ein engagiertes Leben als Nachfolger von Jesus Christus zu führen. Du hast sicher gemerkt, was da alles dranhängt. Es geht nicht um ein paar fromme Stunden in der Woche oder um warme Gefühle beim Beten und Singen. Sondern es geht um dein ganzes Leben.

Um dein Denken.

Um deine Einstellungen.

Um deine Lebensziele.

Um deine Maßstäbe.

Um dein Verhalten.

Einfach um alles.

Ein Christ ist ein Mensch, der sich von Jesus Christus prägen lässt. Ein Christ ist ein Freund von Jesus. Ein Christ ist einer, der mit Jesus unterwegs ist. Das haben wir entdeckt in den sieben Wochen.

Doch jetzt geht es weiter.

Es gibt noch viel mehr zu entdecken.

Es steht noch viel mehr in der Bibel.

Es gibt noch viel mehr Herausforderungen.

Deshalb meine Bitte: Mach weiter! Mach aus den sieben Wochen siebzig Wochen. Und hör damit nicht auf. Mach aus den Wochen Jahre. Denn das Abenteuer mit Jesus bleibt spannend, bis ins Alter hinein, wenn du wirklich mit Jesus unterwegs bist.

Aber ich werde dich jetzt nicht weiter anpredigen. Denn dann würde ich mich nur wiederholen. Es ist eigentlich alles schon gesagt.

Jetzt geht es nur darum, dass du das in die Tat umsetzt, was du gelernt hast.

Und ganz am Ende noch ein Tipp.
Schnapp dir doch ein paar Leute und geh mit ihnen noch einmal dieses Buch durch. Du bist jetzt ja schon Experte in Sachen Jesus-Abenteuer. Das wäre doch cool, oder? So könnte sich das zu einer richtigen Bewegung ausweiten: Jesus first – Jesus zuerst.

Bist du dabei?